SELF-IMPROVEMENT & LIFE PLAN [2nd ed.]

자기계발과 인생설계 2판

자신이 원하는 인생을 설계하도록 돕는 자기계발 지침서!

| 김미옥 · 김서영 · 최정아 공저 |

학지사

2판 머리말

    팬더믹 시대를 지나오며 현대의 청년들은 자신의 인생을 스스로 설계해 나가는 것이 더 어려워졌다. 우리는 자신이 원하는 삶을 살아가기보다는 이 시대가 원하는 사람이 되기 위해 남들처럼 살아가는 데 초점을 두는 경우가 대부분이다. 그러나 팬더믹이 가져온 대인관계의 문제, 진로, 진학, 취업에 문제들은 더 이상 남들처럼 보통으로 살아가는 기준을 찾기조차 어려워졌다. 남들이 가진 그만큼의 학력, 능력, 사회적 지위, 인정을 받기 위해 모두 같은 방향으로 달려가고 있다. 이러는 과정에 우리는 자신이 어떤 능력을 가지고 있는지, 자신의 능력 중 무엇을 하고 싶은지, 자신이 가진 것이 무엇인지 제대로 알지도 못하고 남들이 하고 있는 것에 뒤지지 않기 위해 최선을 다하고 있다. 다들 고등학교를 가고, 대학을 가지만 진작 자신에게 진학과 학교 공부가 어떤 의미가 있는지, 여기서 배운 것을 통해 무엇을 할 수 있는지보다는 대학에 들어가고 취업을 하기 위한 수단으로 여겨지고 있다. 그러다 보니 학교 부적응과 중도 탈락이 늘어나며, 밤을 새워 공부를 해 열심히 성적을 올리고 좋은 학점을 받지만 자신이 원하는 삶의 모습을 제대로 설계하기란 쉬운 일이 아니다.

    『자기계발과 인생설계』는 스스로 자신이 가진 자원을 계발해 내고 이를 활용하여 자신이 원하는 미래를 설계하도록 돕고자 한다. 이를 위해 3ON(Three ON) 코칭 모델을 바탕으로 인생설계에 대한 전략을 수립하고 실천할 수 있는 내용으로 구성하였다. 이 책은 크게 자기계발, 인생설계라는 두 주제를 바탕으로 총 12장으로 구성되어 있다. 각 장은 3ON 코칭 모델에 따라 교수자와 학습자 간의 신뢰관계를 형성하고, 자신이 살아온 삶에 대해 현실적인 점검을 하고 스스로 성찰하도록 하여, 자신에게 맞는 현실적인 목표를 설정하고, 이를 실행하기 위한 새로운 대안을 탐색하고 실천해 보는 경험을 할 수 있도록 코치하고 돕는 과정이다. 첫 번째는 '자기계발'이라는 주제로, 3ON 코칭 모델에 대한 이해를 바탕으로 자기계발 과정에 대한 접근방법을 안내하고, 자신의 강점, 역할, 태도, 가치관 점검을 통해 자기를 성찰하여 자신에 대한 이해를 높여 자기계발의 효과적인 접근을 위한 기초를 다진다.

두 번째는 '인생설계'를 주제로, 자신이 원하는 미래를 설계하기 위해 자신의 시간, 재정, 인간관계의 관리 방법을 탐색하고 자신의 건강한 미래를 위한 새로운 대안을 찾고 실천하며, 성인으로 살아가는 자신의 삶에 중요한 주제인 사랑, 결혼에 대한 가치관을 점검하고 자신이 원하는 사랑과 결혼을 실천할 수 있는 대안을 찾아 실천해 보는 경험을 가진다. 마지막으로, 평생을 살아가면서 정규 교육과정 이외에도 자신을 성장, 발전시키기 위한 평생학습과 직업의 의미를 탐색하고, 지금까지의 활동을 바탕으로 자신에 대한 프로파일을 작성하여 자신이 원하는 미래의 목표를 세우고 실천할 수 있도록 선언한다.

이 책을 잘 활용하기 위해서는 다음 몇 가지 사항을 주목해야 한다.

첫째, 자기를 성찰할 수 있어야 한다. 과거에 자신이 상황과 대상에 따라 어떤 생각, 감정, 행동을 하는지 면밀하게 탐색하면서 자신에 대한 이해가 높아지고, 이를 통해 자신이 가진 자원을 계발하고 미래를 설계하는 근거를 마련할 수 있다.

둘째, 자신의 현실에 맞는 목표를 세워야 한다. 현재 자신이 처해 있는 현실을 있는 그대로 이해하고 수용함을 통해 자신이 이룰 수 있는 최적의 목표를 수립할 수 있고, 그것이 실천될 가능성이 높아져 스스로에게 성공 경험을 제공해 줄 수 있다.

셋째, 구체적이고 현실적인 대안을 마련하고 실천해야 한다. 자기를 계발하고 미래를 설계한다는 것은 머리로 할 수 있는 일이 아니다. 그동안 자신에게 실패와 좌절을 경험하게 했던 대처 방안이 아니라, 자신을 성공으로 이끌 수 있는 새로운 대안을 찾고,

현실에서 직접 경험한다면 자신에게 맞는 인생을 설계할 수 있다.

이 책은 자기를 성찰하고 스스로 자신의 자원을 찾아 실천하는 경험을 통해 인생을 설계할 수 있도록 구성되어 교재 자체가 코치로서의 역할을 수행하고 있다. 따라서 이 책은 대학에서 수업 교재로 사용될 수 있을 뿐 아니라, 스스로 자신을 탐색하고 미래를 준비하는 모든 이에게 셀프코칭 지침서로 활용될 것으로 생각된다.

자신이 원하는 인생을 설계해 나갈 수 있는 자기계발 지침서를 만들기 위해 노력하고 개정을 위해 애쓴 집필진, 책의 출판과 개정을 기꺼이 허락해 주신 학지사 김진환 사장님, 늘 따뜻한 마음으로 응원해 주시는 김은석 상무님과 완성도 높은 책을 만드는 데 함께 애써 주신 김순호 편집 이사님께 깊은 감사의 마음을 전한다.

자신의 불확실한 미래에 대해 고뇌하는 모든 이들, 그들의 고민을 응원하며 함께할 수 있기를 기원한다.

2024년 7월 저자 일동

3ON 자아성찰, 현실 목표, 대안 실행 모델을 통해 목표를 정하여 하루하루 지켜 나아갈 수 있어서 자기계발에 도움이 되었습니다. 나의 가치관, 사랑, 대인관계, 경제 지식 등을 배우고 되짚어 보며 '나' 자신에 대하여 한 발짝 더 다가가는 계기가 된 너무 좋은 시간이었습니다.

－김○○－

스스로에 대해 되돌아보고 반성할 부분은 반성하고 잘한 부분은 친구들과 서로 칭찬하는 시간을 일주일마다 가질 수 있어 정말 즐거웠습니다. 다른 수업에서는 경험하지 못한 시간이었습니다. 내년에도 이 강의가 계속 있었으면 좋겠네요.

－최○○－

학교를 다니면서 자기계발에 대해 공부할 기회가 생겨 감사했습니다. 경제 용어들을 알게 되어 지식이 더 쌓인 것 같고, 나 자신의 행동을 되돌아볼 수 있어 보람되고 알찬 시간이었습니다. 매일 감사 일기를 쓰면서 하루를 돌아보며 부정적인 일과 감사한 일을 찾으면서 그래도 감사한 일이 있었네 하며 하루를 마무리하였습니다.

－김○○－

한 학기 동안 수업을 들으며 내 자신에 대해 더 깊이 알고 감사할 줄도 알게 되었습니다. 타인에게도 감사하는 마음이 많이 생긴 것 같습니다. 이 수업으로 인해 생각하는 것이 많이 달라진 것 같습니다. 감사합니다.

-이○○-

수업 시간에 내가 앞으로 어떻게 생활하고 어떻게 돈을 써야 하는지 등등 많은 것을 배웠습니다. 책을 늘 책상에 꽂아 두고 가끔 읽어 보면서 막막할 때 어떻게 해야 할지 찾으려고 합니다.

-김○○-

나 자신을 더 알게 된 시간이었습니다. 아울러 경제, 사랑 등에 대해서도 새롭게 많은 것을 배웠던 뜻깊은 시간이었습니다. 감사합니다.

-강○○-

다른 수업과 달리 조별로 동기들과 모여 앉아 토론도 하고 놀이도 하며 친구들의 생각, 가치관 등을 들었습니다. 이를 통해 서로 여러 가지 다른 점도 많지만 공통점도 찾은 것 같습니다. 마지막 시간 조별 발표를 할 때 어색하고 부끄러워하기 싫은 마음도 있었지만, 여러 차례 수업을 받다 보니 발표나 질문에 자신감 있게 대답할 수 있게 되었습니다. 사회에 나가서 이 수업에서 배운 것을 잘 활용할 것입니다.

-김○○-

이 수업을 듣고 경제에 관심이 생겼어요. 그래서 요즘 가계부를 쓰기 시작했는데, 돈을 잘 안 쓰게 되는 것 같아 좋아요. 인생에 도움이 되는 수업이었습니다. 감사합니다.

-박○○-

일상생활에 많은 도움이 되었고 꼭 필요한 정보를 알게 된 소중한 시간이었습니다. 시험공부를 통하여 또 한 번 배우고 복습하여 공부하는 내내 자극 받았습니다. 유익한 수업 감사합니다.

-민○○-

늘 시간이 흐르는 대로, 시간이 이끄는 대로 인생을 살아왔는데요, 이 수업을 통해 인생의 주체가 제 자신임을 깨달아서 인생을 더 능동적으로 살아갈 수 있게 되었습니다. 가치관도 좀 더 뚜렷해지고 생각도 조금 더 논리적으로 바뀐 것 같아요. 소중한 강의 감사합니다. 책을 잘 간직하고 있다가 시간이 더 흐른 뒤에 활동지 다시 한번 해 볼 생각입니다.

-박○○-

교재 내용이 정말 좋아서 소중한 이에게 선물하고 싶을 정도입니다. 감사합니다.

-서○○-

모든 부분에서 나 자신을 다시 한번 돌아보는 계기가 되었습니다. 그 덕분에 보람 있고 뿌듯한 한 학기를 보냈습니다. 친구에게 추천해 줄 생각입니다.

-이○○-

이 수업에서 만난 조원들과도 사이좋게 지냈던 게 2학기에도 큰 힘이 되고, 학교생활이 신날 것 같아요. 3ON 할 때마다 제 행동을 되돌아보는 좋은 교양 수업이었어요! 힐링도 되고 앞으로 열심히 살아야겠다는 다짐도 하게 되었습니다.

-서○○-

수업 듣는 내내 공감되는 부분이 많아서 '앞으로 이렇게 해 봐야지' 하고 생각한 것이 많았습니다. 너무 유익한 수업이었습니다. 정말 감사합니다.

-서○○-

저에게 실질적으로 도움이 되는 수업이었습니다. 특히, 경제 부분에서 반성도 많이 하고 이 수업 덕분에 통장을 다시 나누고 계획을 세우게 되었습니다. 조장 경험이 많지 않아 걱정도 되었지만 조장을 하면서 조금이라도 발전한 것 같습니다. 감사합니다.

-노○○-

차례

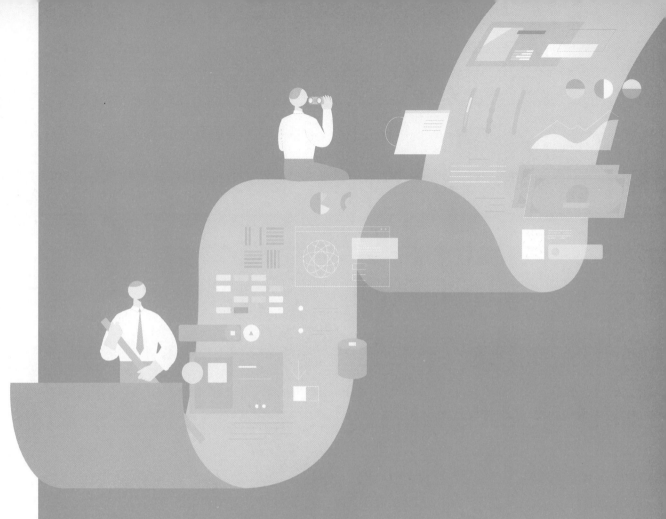

Chapter

1

자기계발과
인생설계

비판주의자는 어떤 기회 속에서도 어려움을 보고,
낙관주의자는 어떤 어려움 속에서도 기회를 본다.

-윈스턴 처칠-

나의 인생 돌아보기

◈ 나의 인생에서 중요한 사건을 시기별로 떠올려 보고, 그 순간 가장 중요한 사람과 그가 나에게 준 영향과 이유를 찾아보자.

구분	0~7세	8~13세	14~16세	17~19세
가장 중요한 (기억에 남는) 사건				
그때 가장 중요한 사람				
그 사람에게 받은 중요한 영향				
그 이유는				

1. 자기계발과 인생설계

나를 계발한다는 것은 무엇일까?

우리는 이 책을 통해 여러분이 하고 싶을지도 모를 새로운 선택을 하도록 초대하고자 한다. 우리는 지금까지 무엇을 배웠는지, 무엇을 갖추었는지, 무엇이 더 필요한지를 검토하여 자신을 계발해야 할 필요가 있다. 그러나 지금까지 나의 주변인들(부모, 교수, 선배, 친구 등)은 나의 강점·나의 역할·나의 가치관·나의 태도를 바탕으로 있는 그대로 나를 인식하고 이를 활용하여 자신을 계발하고 자신의 인생을 설계하는 방법을 가르쳐 주지 않았다. 그저 주어진 상황에 잘 적응하고, 사회적 약속을 잘 지키며, 사회가 원하는 사람으로 자신을 갖추어 가기를 원하는(바라는) 기대 속에서 성장해 왔다.

그래서 우리는 스스로 결정하고 행동해야 할 성인이 되면 너무나 막막하다. 이제 더 이상 삶의 방향도, 배워야 할 것도, 진로를 정하는 것도, 직업을 선택하는 것도 과거처럼 부모나 교사가 명확하게 틀을 정해 주고 따라가야 하는 상황이 아니다. 거의 대부분은 자신이 스스로 선택하고 행동하고 책임져야 한다. 하지만 이러한 방식이 익숙하지 않은 우리나라 대학생들은 갑자기 홍수처럼 주어진 자유, 선택권, 이에 따른 책임을 감당하기 어려워하며, 당황하고 혼란을 느끼게 된다. 그래서 심지어는 과거의 강요, 명령, 구속을 그리워하며 누군가가 자신의 인생설계도 대신해 주기를 바라기도 한다.

그러나 나를 제대로 알지 못하는 누군가가 나의 인생을 제대로 설계해 줄 수 있을까? 타인이 나의 인생을 설계하는 것에는 분명 한계가 있다. 나 스스로 자신의 자원, 역량, 환경 가능성 등을 객관적으로 이해하고, 내가 가진 기대, 요구, 상황을 고려하여 최상이 아닌 최선의 선택을 통해 앞으로 살아갈 삶을 설계해야 한다.

자신의 삶을 설계한다는 것은 자신에 대해 제대로 알고 자신을 가장 효율적으로 활용 가능하도록 계발해야 하고, 자신을 계발하기 위해서는 자신에 대한 정확한 이해, 자신의 자원 파악, 주어진 역할에 대한 인식이 필요하다. 또한 자신이 세상을 어떻게 바라보고 있고, 무엇을 가장 중요하게 여기는지 자신의 삶의 중요한 축이 되는 가치관 확인, 그리고 자신의 삶의 태도, 시간관리, 재정관리, 스트레스 관리 능력에 대한 파악과 역량 강화를 통해 자신의 자원을 업그레이드하는 과정이 필요하다. 자신의 자원을 업그레이드하기 위해서는 자신에게 그러한 동기가 있는지부터 확인해 보아야 한다.

동기(motive)는 인간에게 어떤 행동을 불러일으키고, 그 행동을 지속시키는 활력을 부여하며, 특정한 목표를 이룰 수 있도록 행동에 방향성을 부여하는 내적 힘을 가리킨다. 즉, 동기란 특정한 목표를 향해 행동하게 하는 내면적인 원동력이라 할 수 있다. 결국 우리가 하는 행동은 우리 내면에 있는 동기를 충족시키기 위한 것이라 볼 수 있다. 이러한 동기는 흔히 욕구(need), 충동(impluse), 본능(instinct)이라고 불리기도 한다. 동기는 추상적인 개념이므로 관찰할 수 없지만, 동기로 인해 나타나는 행동을 통해 알 수 있다. 이러한 동기는 다음과 같은 인간 행동을 결정해 주는 기능을 가진다.

- 동기는 행동에 에너지를 제공하여 하고자 하는 행동을 강화한다.
- 동기는 어떻게 행동하게 할 것인지 선택하게 한다.
- 동기는 목표 달성을 위해 행동의 방향을 결정한다.

또한 우리가 어떤 목표를 설정하고, 그 목표를 성공적으로 수행하기 위해서 노력하는 인간의 일반적인 경향성을 일컬어 성취동기(achievement motivation)라고 한다. 머리(Murray, 1938)에 따르면 성취동기란 어떤 어려운 일을 수행하는 것, 물적 대상, 인간, 아이디어를 숙달하고 조작하고 조직하는 것, 이러한 일을 최대한 빨리 또한 독자적으로 하는 것, 장애물을 극복하는 높은 기준을 획득하는 것, 자신의 자아를 고양하는 것, 다른 사람과 경쟁하고 그들을 능가하는 것, 자기 재능을 성공적으로 활용하여 자존감을 증대시키는 것으로 정의하였다. 외부의 보상이나 압력과는 상관없이 극한 상황을 온전히 견뎌 내며 성과를 내는 사람이나, 스스로 어려운 과제를 선택하여 열심히 최선을 다하는 사람은 그렇지 않은 사람들에 비해 성취동기 수준이 높다고 볼 수 있다.

성취동기가 높은 사람은 성공과 자부심에 초점을 두며 보통의 수준보다 약간 어려운 과제를 선호한다. 성취목표를 수행해 낼 수 있다는 자신감이 있으며 독립적이며 지구력이 있다. 실패를 자신의 노력 결핍으로 귀인하며 야망이 있고, 뚜렷하면서도 장기적인 목표를 잘 수행한다. 성취동기가 낮은 사람은 실패와 실패했을 때의 비난이나 부끄러움에 초점을 둔다. 쉽거나 이와 반대로 아주 어려운 과제를 선호하며 불안이 높은 편이다. 타인의 피드백에 의존적이며 실패를 능력의 부족으로 귀인하며, 단기목표를 선호한다. 이들은 쉬는 것을 행복하게 생각하고 성취목표가 불분명하며 모호하다.

우리는 자신의 삶을 스스로 계발하고 설계하기 위해서는 자신이 어떤 목표를 설정하고, 그 목표를 성공적으로 수행하기 위해서 스스로 어떤 사람인지, 어떻게 노력해야 할지 알아가야 한다.

나는 얼마인가?

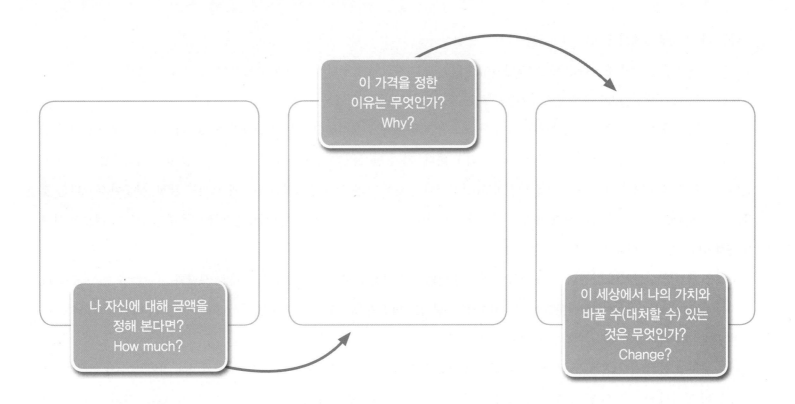

이 가격을 정한
이유는 무엇인가?
Why?

나 자신에 대해 금액을
정해 본다면?
How much?

이 세상에서 나의 가치와
바꿀 수(대처할 수) 있는
것은 무엇인가?
Change?

2. 자기 인식

나를 알아간다는 것은 무엇일까?

나는 나 자신에 대해서 얼마나 알고 있는가?

나를 한 문장으로 소개해 달라고 했을 때 망설이지 않고 나는 자신이 누구인지 설명할 수 있는가?

또한 나는 나의 역할, 내가 가장 중요하게 생각하는 것, 나의 태도를 알고 있는가?

자신을 알아가는 첫 번째 단계는 자신이 누구인지, 스스로를 어떻게 생각하고 있는지 알아가는 것이다. 이러한 개념을 자기 점검, 자기 분석, 이른바 자기 인식(self-awareness)이라고 한다. 자기 인식은 75억 인구가 살아가는 일상생활과 사회생활 속에서 자신의 존재는 특별하며 가치 있다는 것을 인식하고, 환경이나 상황에 따라 각각 생각하는 방식과 느끼는 감정, 행동이 다르다는 것을 전제로 한다. 즉, 사람들과의 관계 속에서 표현되는 자신의 생각, 가치, 감정, 편견, 행동, 한계를 이해하고 있는 그대로의 자신에 대해 아는 것이 자신을 발견하는 것이 된다.

자신을 발견함과 동시에 자신이 처한 상황과 자신의 현재 모습에 대해서도 인식하게 되며 다른 사람과 비교할 수 있는 또 하나의 사실을 알게 되는 것이다. 자신뿐만이 아니라 다른 사람들도 마찬가지로 같은 상황에서 생각하고 해석해서 타인을 평가하거나 타인과 자신을 비교할 수 있는 민감한 과정에 놓이게 된다.

예를 들자면 이런 식이다. 나는 금수저가 아니라서 성공할 수 없어, 나는 학벌이 안 좋아서 좋은 자리에 취업할 수가 없어, 내 부모가 돈이 없어서 하고 싶은 걸 할 수도, 살 수도 없어. 나의 외모가 마음에 들지 않아 성형 수술이나 다이어트를 하지 않으면 사랑

받을 수 없어. 나는 말주변이 없고 내성적이어서 사람들과 친해질 수 없어.

이와 같이 우리는 자신을 타인과 비교하거나 자신이 처한 상황에서 하지 못하거나 할 수 없는 이유를 핑곗거리처럼 먼저 이야기한다. 이른바 자기가 만든 험준한 산골의 어둡고 깊은 굴 속에 자신을 가두어 버리고 벗어날 수도, 아무것도 할 수 없는 상태의 나로 만들어 간다. 굴 속에서 벗어날 수 없는 부정적인 이유를 끊임없이 찾아 스스로 만들며 무기력하고 무능한 사람이 될 수밖에 없음을 합리화한다.

당신도 이런 어둡고 깊은 굴 속으로 들어가 본 적이 있는가? 우리는 대부분 굴 속에 아직 머물러 있는 자신을 발견해 내거나 깊은 굴 속에 들어갔었던 자신을 인정하기 쉽지 않을 것이다. 우리는 그곳에 들어갔다 올 수밖에 없는 자신의 이유를 끊임없이 나열하며 타인과 자신을 설득할 것이고, 적어도 자신은 그곳에서 벗어나기 위해 노력하고 있다고 생각할 뿐 자신도 인식하지 못하는 사이에 더 깊숙이 안으로 들어가고 있다는 사실을 인정하기란 쉽지 않을 것이다.

이곳에서 벗어나기 위해서는 적어도 다른 사람과 비교하지 말고 자신이 처한 상황과 자신을 있는 그대로 인식할 필요가 있다. 이 상황이 자신의 선택인지, 어쩔 수 없이 주어진 것인지도 확인해 보아야 한다. 만약 내가 선택하지 않은 것이라면 타인과 비교할 필요도, 다시 그곳에 들어가 괴로워할 필요도 없다. 그저 그런 상황에 있는 스스로를 위로하고 주어진 상황 안에서 자신이 해야 할 최선의 대처를 탐색해야 할 것이다. 하지만 내가 선택한 것이라면 그 선택의 이유와 그 선택이 자신에게 주는 이익과 손실을 따져서 그에 대한 자신의 인식을 확인한 후 다시 자신이 진짜 원하는 선택을 하도록 하면 된다. 이처럼 자신을 알아 간다는 것은 자신이 원하는 행복한 성공의 첫 단계가 될 것이다. 자기 인식은 내가 원하는 성공적인 삶을 살고 싶다면 가장 우선되어야 할 일이다. 이를 통해 자신을 알고 이해하고, 어떤 부정적인 감정으로 둘러싸인 험준한 산골 속 동굴에서 빠져나오는 것이다. 더 나은 나를 찾기 위해 우선 필요한 것을 선택할 수 있는 능력을 기르는 것이다.

결국 삶을 살아가는 동안 만나게 되는 모든 것은 자기 인식과 세상을 바라보는 자신의 관점과 그것을 선택하는 자신에게 달려 있다.

'나무룩'의 인생 이야기

　내 이름은 '나무룩'이다.

　지방대 4학년에 재학 중이다. 나는 아나운서가 되고 싶지만, 집안 형편도 넉넉하지 않아 용돈을 벌기 위해 아르바이트를 해야 하고, 또 장학금을 받기 위해서 잠도 못 자고 과제를 해야 해서 아나운서 준비학원에 다닐 엄두도 못 낸다. 사실 외모도 그저 평범하다. 잘난 것 없는 내 인생은 너무 피곤하고 힘이 든다.

　난 내가 원하는 걸 하기에는 돈도 없고 시간도 없고 배경도 없다. 그렇기 때문에 하고 싶은 걸 할 수가 없다. 그래서 빨리 아무 곳에나 취업해서 돈을 벌어야 한다. 인생은 내 마음대로 되는 것이 없다.

　나에게는 친한 친구 두 명이 있다. 둘 다 금수저로 태어나 한 명은 부모님 사업을 물려받으면 돼서 학점도, 취업도 걱정할 게 없다. 다른 친구도 돈 많은 부모님 덕에 유학 준비나 하면서 인생을 즐기는 것 같다. 그들은 좋은 부모 만나 행복하고 자신이 하고 싶은 걸 다 할 수 있는 게 부럽기만 하다. 내 인생은 왜 이런지??

나무룩은 어떤 사람인가?	
나무룩은 어떻게 변하면 좋은가?	
나는 나의 인생을 어떻게 생각하는가?	

자기 인식의 중요성

행복이란 기쁨의 중요한 요소이기는 하지만 기쁘다고 해서 무조건 행복하다고 할 수 없다. 복권에 당첨되거나 상을 받거나 원하는 곳에 취직을 했을 때, 맛있는 음식을 먹을 때, 기쁘지만 그 기쁨이 영원하지는 않다. 우리가 만약 인생에서 기쁨과 즐거움을 계속해서 느끼려고 한다면 만족할 만한 새로운 것을 지속적으로 찾아내야 한다. 이처럼 행복하다는 것은 매우 주관적이기 때문에 느끼는 포인트, 정도, 지속되는 시간 등은 사람마다 매우 다르다. 행복이란 내가 원하는 것을 가진 것에서부터 느낄 수 있는 감정이다. 인간이 살아가는 직장, 가족, 연인 등 다양한 사회 속에서 느끼는 만족을 이야기할 수 있다. 따라서 '행복을 삶의 만족을 통한 즐거움을 느끼는 상태'라고 정의한다.

자기 자신을 인식한다는 것은 삶을 만족하며 즐거움을 느끼고 행복한 인생을 살아갈 수 있도록 하는 첫걸음이라 할 수 있다. 자신을 인식하고 인정하지 않으면 진정 자신이 원하는 삶이 무엇인지 알지 못할 것이며 그럴 경우 자신이 즐겁고 만족할 수 있는 것을 알고 기쁨과 즐거움을 느끼며 살아가기 힘들게 된다. 즉, 우리는 자신이 원하는 행복한 삶을 살아가기 위해서는 자신을 더 명확하게 이해하고 주체적으로 자신을 특별한 존재로 인식하는 것이 매우 중요하다.

- 당신은 어떤 인생을 살아가고 싶은가?
- 사업가, 전문가, 음악인, 교육인, 미술인, 엔터테인먼트 혹은 또 다른 무엇인가?
- 80억이 넘는 사람 중에 단 하나뿐인 내가 가장 원하는 삶은 무엇인가?

자신이 가지고 있는 능력, 생각, 가치관, 태도를 제대로 알지 못하는 한, 과거, 현재, 미래에 대한 불안, 조급한 마음은 결코 진정되기 어려울 것이다. 만약 우리가 어떤 것을 원하는지 제대로 알지 못하는 상황에서는 성공을 하더라도 그 성공이 진정으로 받아들여지지 않고 미래에 대해 여전히 불안해할 것이며, 불확신으로 인해 또 다른 것들을 찾으려 할 것이다. 우리가 살아가는 삶 안에서 자신이 원하는 것이 무엇인지 알고, 자신이 잘할 수 있는 능력을 알며, 자신에 대한 믿음이 있다면 매일의 삶 속에서 자신이 추구하는 활동에 적극적으로 참여하고 몰입하면서 자기를 실현해 나갈 수 있다.

자신을 찾기-자신감과 자존감

우리가 사는 세상은 현재뿐만 아니라 과거, 미래에도 공평하지만은 않다. 요즘 흔히 말하는 금수저는 모든 걸 다 가지고 태어나 모든 것이 순조롭고 그저 얻어 살아가는 듯 보이고, 머피의 법칙은 늘 나에게만 적용되고 힘들고 어려운 일이 끊이지 않는 것처럼 보인다. 그러나 세상은 참으로 아이러니해서 많이 가진 사람에게는 가진 것을 언제든 잃을 수 있다고 경고하고, 가지고 있지 않은 사람에게는 노력해서 가져야 함을 끊임없이 경고한다. 과연 누가 더 행복한 사람인가?

우리는 가진 것을 지키든, 못 가진 걸 가지게 하든 스스로 그것을 할 수 있는 사람이라고 믿는 마음이 중요하다. 그것이 자신감이다. 자신감이란 뜻한 대로 이루어 낼 수 있다고 스스로의 능력(能力)을 믿는 마음, 스스로를 믿고 신뢰하는 긍정적인 감정 상태이다. 자신감은 어려운 상황, 선택의 상황에서 망설이거나 주저하지 않고 앞으로 나아갈 수 있게 하는 도구인 것이다. 이러한 자신감에 자존감을 함께 장착해 보자.

자존감은 자신을 있는 그대로 사랑하고 믿는다는 확신이다. 우리가 삶을 살아가는 동안 이 두 가지를 기본으로 장착하고 있다면 성공에 대해 확신할 수 있는 용기가 준비되었다는 말이다. 우리의 삶 속에서 겪게 되는 어려움과 고통 앞에서 쓰러지더라도 반드시 다시 일어날 수 있다는 의지를 가지게 된다. 사람의 뇌는 신기하게도 '난 날 믿어. 할 수 있어!' 하는 자신의 믿음, 할 수 있다는 다짐을 입 밖으로 꺼내어 말로 하기 시작하면 그 말에 힘을 받아 '난 그렇게 할 수 있나 보다' 하고 초인의 힘을 발휘할 수 있다. 당신은 자신의 능력에 대한 믿음, 자기 자신을 사랑하는 마음을 가지고 있는가? 우리는 자신에 대해 잘 알고 있다고들 하지만 그렇지 못한 경우가 많다.

이제부터 우리 자신에 대해 한번 알아보자.

'나'는 나를 얼마나 알고 있는가?

내 이름을 지어 준 사람과 내 이름의 의미는?	
내가 가장 재미있고, 좋아하는 일과 그 이유는?	
살면서 가장 자랑스러웠던 순간 (세 가지)	
내가 남들보다 더 쉽게 해내는 일	
내가 죽기 전에 꼭 해 보고 싶은 것과 그 이유는?	

3ON 코칭 모델

자기계발과 인생설계는 3ON(Three ON) 코칭 모델을 기반으로 한다.

3ON 코칭 모델은 긍정심리학의 코칭 이론을 바탕으로 김미옥(2018)이 설계한 모델로, 코치와 피코치 간의 신뢰관계를 바탕으로 피코치가 스스로 자신의 목표를 설정하고 이를 실행할 수 있도록 하여 피코치의 현실을 점검하며 스스로 행동 변화를 위한 대안을 탐색하고 실천해 보는 경험을 할 수 있도록 지원하며 돕는 과정이다.

1단계 ON Self-Reflection 자아성찰 (과거)	2단계 ON Realistic Goal 현실목표 (현재)	3단계 ON New Movement 대안실행 (미래)
자신을 객관화시켜 볼 수 있는 힘 끊임없이 생각하며 사는 삶 자신의 과거, 현재 문제에 대한 각성	목표와 관련된 자신의 현재 상황 점검 현실적 · 구체적 · 객관적 · 도전적 목표	목표 정립, 상황 분석 새로운 대안 탐색, 비교 · 평가 최선의 대안 선택, 장벽 극복 실천 경험, 실천의 습관화 과정

[3ON 코칭 모델]

3 ON 코칭 모델에 대해 좀 더 자세히 살펴보면 다음과 같다.

ON Self-Reflection(과거)은 자아성찰 단계이다

자아성찰이란 자기(自己)의 마음을 반성(反省)하여 살핌을 의미하며, 자신을 객관화시켜 볼 수 있는 힘이다. 자신을 이해하는 과정으로서, 자기계발과 인생설계 전반에서 향하는 바가 된다. 자신을 이해하고 스스로를 코칭하는 상황에서 자신에 대한 신뢰를 바탕으로 자신에 대해 끊임없이 생각하며 사는 삶이다. 자신의 과거, 현재 문제에 대해 각성하는 과정이다.

ON Realistic Goal(현재)은 현실목표 설정의 단계이다

현실을 바탕으로 하는 목표를 설정하기 위해서는 현실을 점검해야 한다. 목표와 관련된 자신의 상황이 어떤지 점검하는 것이다. 이를 위해 코치는 피코치의 현재 상황을 점검하기 위해서 자신에 대한 인식, 역할, 가치관, 태도가 현재 자신의 삶에 미치는 영향, 자신의 경험이 현재에 미치는 영향, 부모 등 과거 주요한 타인과의 관계가 자신에게 미치는 영향 등을 점검하는 것이 필요하다. 또한 자신의 기질, 기대 욕구, 바람에 대한 점검이 필요하다. 이러한 현실 점검을 바탕으로 목표는 적절하면서도 구체적이며 도전적이어야 한다. 코치는 피코치로 하여금 목표에 대한 주인의식을 가지게 해야 하는데 목표는 현실적이고 객관적이어야 한다. 너무 비현실적인 목표를 설정하면 실패를 경험하고 관계를 엉망으로 만들 수도 있기 때문에 이 단계에서는 성장하고 싶은 부분에 대하여 성취목표를 정한다.

목표 설정의 원리는 다음과 같다. 첫째, 설정한 목표를 성취할 수 있도록 명확하고 구체적으로 정해야 한다. 애매한 목표를 세웠을 경우 실천에 대한 책임이나 구체적인 평가가 이루어지지 않기 때문에 이러한 목표행동이 지속되기가 어렵다. 하지만 구체적인 목표 설정 이후 수행은 크게 향상되고 높은 실적이 유지될 수 있다. 둘째, 양과 질, 영향력 측정이 가능해야 한다. 개인이 행동을 할 때 어떤 결과를 얻을 수 있는가를 생각하고 그 기대에 따라 행동을 결정한다. 기대감은 개인이 일정한 수준의 노력을 기울인다면 특정한 목표를 달성할 수 있을 것이라는 주관적 감정 정도를 나타낸다. 코칭 받는 과정에서 자신이 변화하거나 기대하는 바를 구체적인 양과 질, 영향력 등과 같이 측정 가능한 목표를 수립하고 평가한다면, 활동 참여와 실천에 대한 기대 수준이 높아지고 만족감이 올라가 활동 참여와 그 이후에 긍정적인 행동의 지속 수준도 높아질 것으로 예상된다.

ON New Movement(미래)는 대안실행 단계이다

대안실행은 목표 정립, 상황 분석, 새로운 대안 탐색, 비교·평가, 최선의 대안을 선택하고, 장벽 극복, 실천 경험, 실천의 습관화 과정이다.

대안이란 어떤 목표를 달성하기 위해 선택할 수 있는 행동 노선, 즉 선택 가능한 정책 수단을 말한다. 부모가 자녀 양육 과정에서 목표가 정립되고 상황이 분석되면 다음에는 여러 개의 가능한 행동 노선, 즉 대안을 탐색하고 그것들을 상호 비교·평가해 최선의 대안을 선택하게 된다.

자신의 문제, 인간관계, 취업 등 삶에서 경험하는 문제를 해결하는 데는 오직 하나의 방법만 있는 것이 아니라 여러 가지 방법이 있을 수 있다. 그중 가장 좋은 해결 방안이라고 생각되는 몇 가지 방안을 대안이라 한다. 그러나 대안에는 현실적으로 실현 가능한 것도 있고 불가능한 것도 있으며, 또 효율적인 것도 있고 비효율적인 것도 있다.

이 활동에서는 자기를 계발하고 인생을 설계하는 새로운 접근방식, 즉 새로운 시간, 경제, 스트레스 관리, 인간관계 유지와 정리, 사랑과 결혼, 미래 설계에 대한 새로운 대안들을 배운다. 또한 이 단계는 현재 수립한 계획에서 필요한 자원을 찾고 어려운 점이나 장애물이 없는지 스스로 찾는 데 목표를 둔다. 이런 어려움이나 장애물을 극복하기 위해 어떻게 행동해야 하는지 인식하도록 돕고, 장애 요소의 제거를 구체적으로 생각하게 한다. 이를 실천하기 위해 '이렇게 하기 위해서는 어떤 도움이 필요할까요?', '당신이 생각하는 것을 하기 위해서는 어떤 것을 해야 할까요?', '하고자 하는 일을 할 때 어떤 어려움이 있을까요?' 등을 스스로에게 의문을 제기해 보고 실천 과정에서 겪을 수 있는 어려움에 대해 효과적으로 대처할 수 있는 방법까지 함께 모색한다. 나아가 과제 수행을 통한 실천 경험을 함께 나누어 봄으로써 배운 것을 실천하고 습관화하는 과정을 경험한다.

또한 각 활동 후 3 ON 코칭 모델을 통해 자신의 과거, 현재 문제에 대해 각성하여 자신을 객관화하고, 자신의 현재를 있는 그대로 점검하여, 현실적·구체적·객관적·도전적 목표를 세우도록 돕는다. 이를 바탕으로 목표를 정립하고, 상황을 분석하여, 새로운 대안을 탐색하며, 비교·평가를 통해 최선의 대안을 선택한다. 또한 실천하는 경험과 실천을 습관화하여 앞으로 만나게 될 삶의 장벽을 극복하고, 자신을 계발하고 인생을 설계하고자 한다.

3ON action plan

구분	내용
ON Self-Reflection 자아성찰	※ **[과거]** 이 활동을 하기 전까지의 나는?
ON Realistic Goal 현실목표	※ **[현재]** 지금의 나는?
ON New Movement 대안실행	※ **[미래]** 나의 미래를 위해 지금부터 새롭게 실천해야 하는 것은?
지금 나의 점수는?	① ② ③ ④ ⑤ ⑥ ⑦ ⑧ ⑨ ⑩ 점

Chapter

2

나의 강점

추하든 아름답든 있는 그대로의 나를
솔직하게 인정하는 것,
이 이상 든든한 출발이 어디 있으랴.

– 칼릴 지브란 –

1. 나의 행복 알기

긍정심리

모든 사람은 행복하기를 원한다. 즐겁고 만족스럽고 성공한 삶을 살고자 한다. 자신이 가지고 있는 강점과 재능을 세상 속에서 충분히 발휘함으로써 행복한 삶이라 이야기한다. 행복하다는 것은 개인이 자신의 삶에 대해 주관적으로 느끼는 마음의 상태이다. 행복은 살아가면서 겪는 긍정적 경험과 부정적 경험을 극복하는 과정에서 느끼게 된다. 그러므로 행복한 삶을 위해서는 긍정적 정서를 많이 느끼고 발휘하며 부정적인 경험으로 인한 고통을 줄이기 위해 최선을 다해 노력해야 한다. 즉, 진정한 행복의 도구로 사람이 표현할 수 있는 최대의 기능 상태를 긍정이라 이야기한다.

긍정심리학은 1998년 펜실베이니아 대학교 심리학 교수인 마틴 셀리그먼(Martin E. P. Seligman)에 의해 탄생되었다. 셀리그먼의 긍정심리학 탄생 이야기는 유명하다. 셀리그먼은 어린 딸 니키와 함께 정원에서 잡초를 뽑으며 심리학 구상에 몰두하고 있었다. 잡초 뽑는 일을 빨리 끝내려고 서두르는데 니키는 옆에서 잔디를 뽑아 하늘로 던지면서 노래하고 춤을 추며 장난을 치고 있었다. 참지 못한 셀리그먼은 니키에게 조용히 하라고 혼을 냈고 깜짝 놀란 니키는 집으로 들어갔다. 그런데 조금 뒤 니키가 찾아와 그에게 말했다. "아빠 말할 게 있어요.", "그래 말해 보거라.", "아빠! 내가 다섯 살 전까지 어땠는지 기억나나요? 그때 굉장히 울보였죠. 날마다 징징거릴 정도로요. 하지만 다섯 살이 되면서 결심했어요. 징징거리며 울지 않겠다고 마음먹었어요. 그런데 그건 지금까지 제가 한 어떤 일보다 힘들었어요. 하지만 나는 해냈어요. 아빠도 신경질 부리는 일을 그만두실 수 있을 거예요." 그는 엄청난 충격을 받았다고 했다. 그리고 딸의 말을 계기로 자신도 알지 못했던 사실을 깨닫고 큰 영감을 받았다고 한다. 아이의 양육에서 가장 중요한 것은 단점을 고치는 것이 아니라 강점을 찾아서 키워 주는 것이다. 강점을 잘 발휘하도록 도움으로써 인생을 살아가는 데 많은 역경을 이겨 낼 수 있도록 하는 것이다. 즉, 긍정심리학은 긍정적인 강점을 키워 즐거움과 만족스러움을 느끼게 하고 역경을 이겨 내어 행복을 만들어 갈 수 있도록 도와주는 도구이다. 또한 부정적인 약점을 보완하는 것에만 그치는 것이 아니라 보완 후 더 행복해질 수 있도록 만드는 것이다. 그러므로 인생은 살 만한 가치가 있다고 생각하게 된다.

긍정심리학에서는 성격강점을 특히 강조한다. 성격강점은 재능과 달리 도덕적 특성을 가지고 있기 때문에 개인의 의지가 필요하다. 이러한 생각과 감정이 행동을 통해 표현될 수 있는 특성을 가지고 있다. 그러므로 자신이 가지고 있는 강점을 찾고 개발하고 발휘하며 사는 것이 진정한 행복이며 그것을 자신의 의지로 선택하는 것이 가장 중요하다.

나의 행복도 검사

◈ **자신이 해당하는 칸에 ∨표시 해 보자.**

1. 나는 대체로 나 자신에 대해 이렇게 생각한다.	2. 내 동료들과 비교했을 때, 나는 나 자신을 이렇게 생각한다.
☐ 1. 굉장히 불행한 사람이다. ☐ 2. 불행한 사람이다. ☐ 3. 조금 불행한 사람이다. ☐ 4. 보통이다. ☐ 5. 조금 행복한 사람이다. ☐ 6. 행복한 사람이다. ☐ 7. 굉장히 행복한 사람이다.	☐ 1. 훨씬 불행하다. ☐ 2. 불행하다. ☐ 3. 조금 불행하다. ☐ 4. 보통이다. ☐ 5. 조금 행복하다. ☐ 6. 행복하다. ☐ 7. 굉장히 행복하다.
3. 일반적으로 아주 행복한 사람들이 있다. 이런 사람들은 현재 일어나는 일은 상관없이 최대한 삶을 즐긴다. 당신은 자신의 삶을 얼마나 즐기는가?	4. 일반적으로 항상 불행하다고 생각하는 사람들이 있다. 비록 우울해 보이지는 않지만 그렇다고 행복하지는 않다. 항상 불행하다고 생각하는 사람들과 비교할 때 당신의 상태는 어떠한가?
☐ 1. 전혀 즐기지 않는다. ☐ 2. 즐기지 않는다. ☐ 3. 조금 즐기지 않는다. ☐ 4. 보통이다. ☐ 5. 조금 즐긴다. ☐ 6. 즐긴다. ☐ 7. 아주 많이 즐긴다.	☐ 1. 아주 비슷하지 않다. ☐ 2. 비슷하지 않다. ☐ 3. 조금 비슷하지 않다. ☐ 4. 보통이다. ☐ 5. 나와 조금 가깝다. ☐ 6. 나와 가깝다. ☐ 7. 나와 아주 가깝다.

※ 캘리포니아 리버사이드 대학교의 심리학과 교수 류보머스키(Lyubomirsky, Sonja)가 고안한 주관적 행복 검사.

앞에 체크한 숫자를 모두 더한 뒤 4로 나눈 결과가 바로 당신의 일반 행복도 점수이다.

참고로 미국 성인의 평균은 4.8이다. 검사를 받은 사람들 중 3분의 2가 3.8 이상을 받았다.

나의 점수는 _____ .

2. 성격강점 찾기

VIA 분류체계

대표 강점은 생활에서 높은 빈도로 자신을 잘 나타내고 대표하는 독특성을 가진 긍정적 성격 특징이다. 많은 사람이 다양한 강점과 자질을 가지고 있지만, 사람들에 따라 더 중요하고 가치 있다고 생각하는 요소들은 다르며 시간과 환경에 상관없이 얼마나 지속적으로 나타나는가에 대한 심리적 특성이 있다. 그래서 자신의 특징적인 강점을 활용하여 발휘할 때, 더 활기찬 열정을 느끼며 '진정한 자신'이 표현되고 있다는 느낌을 갖는다. 그래서 강점을 찾아내고 인식하는 그 자체만으로도 우울감이 감소하고 행복감이 증진되는 좋은 결과를 얻게 된다.

자신이 성격강점을 찾았을 때 행복감을 느끼는 이유가 있다. 성격강점을 찾아가는 과정이 의미 있는 경험으로 다가오기 때문이다. 그리고 그 강점으로 인해 자존감이 높아지고 생활에 활용되어 긍정적인 경험을 할 수 있도록 하여 주도적인 삶을 살 수 있게 도와준다. 그러므로 자신의 성격강점을 정확히 파악하고 긍정적인 강점을 찾아내야 한다. 그런 다음 잠재되어 있는 강점과 타고

난 덕성을 발견하고 생활 속에서 자신이 원하는 활동, 일, 사랑에 적극적으로 활용하여 자기실현을 통한 행복한 삶을 확인해 보자.

성격강점검사 'VIA(Virtues in Action)' 분류체계는 전 세계 1,300만 명 이상의 사람이 참여한 대표적인 성격강점 심리검사이다. 셀리그먼의 홈페이지(www.authentichappiness.org)와 VIA(www.viastrengths.org)에서 검사할 수 있다. 성격강점은 세계 주요 종교와 철학자들이 제시하는 덕목들을 광범위하게 조사해서 200여 개의 덕목을 찾아냈고, 최종적으로 여섯 가지 미덕과 그 아래 실천할 수 있는 강점 1만 8,000개 중 24개의 실천도구를 선정하여 구성한 것이다. 이 책에서는 약식으로 검사할 수 있도록 구성되었다.

이제 수많은 성격강점 중에서 나의 베스트 오브 베스트 강점을 찾아보자.

나의 성격강점을 찾아보자

◈ VIA 분류체계에 따른 성격강점을 알아보기 위해 다음 문항을 잘 읽고, 지난 1년간 실제로 어떠했는지에 근거하여 답해 보자.

번호	문항 내용	전혀 아니다	약간 그렇다	어느 정도 그렇다	상당히 그렇다	매우 그렇다
		1	2	3	4	5
1	나는 어떤 일을 할 때 항상 새로운 방법을 생각해 낸다.					
2	친구들은 내가 새롭고 이색적인 생각을 많이 한다고 말한다.					
3	나는 세상이 매우 흥미 있는 것이라고 생각한다.					
4	나는 어떤 상황에서든 흥미로운 것을 찾아낼 수 있다.					
5	나는 중요한 결정을 내릴 때 충분한 근거를 찾으려 한다.					
6	나는 항상 어떤 문제의 양면성을 살펴본다.					
7	나는 새로운 것을 배울 때 흥분된다.					
8	나는 매우 다양한 책을 읽는다.					
9	사람들은 나를 보고 남에 비해 현명하다고 한다.					
10	사람들이 내게 조언을 구하기 위해 찾아온다.					

번호	문항 내용	전혀 아니다	약간 그렇다	어느 정도 그렇다	상당히 그렇다	매우 그렇다
		1	2	3	4	5
11	나의 감정과 행복을 마치 자신의 것처럼 여기는 사람들이 있다.					
12	나는 평소에 다른 사람들(친구, 가족 등)에게 사랑과 애정을 잘 표현하는 편이다.					
13	나는 다른 사람들을 행복하게 해 주는 것을 즐긴다.					
14	나는 다른 사람에게 친절을 베푸는 것을 좋아한다.					
15	나는 여러 가지 사회적 상황에서 처신하는 방법을 잘 알고 있다.					
16	나는 다른 사람의 감정을 잘 알아차린다.					
17	비록 결과가 내게 불리하더라도 나는 내가 믿는 것을 고수하곤 한다.					
18	두렵고 위협적인 상황에서도, 나는 두려움과 위협을 감수하고 자발적으로 용기 있는 행동을 잘하는 편이다.					
19	나는 일을 할 때 결코 딴짓을 하지 않는다.					
20	나는 시작한 것은 항상 끝내고 만다.					
21	나는 상처가 되더라도 진실을 이야기한다.					
22	친구들은 항상 나를 보고 솔직하다고 말한다.					
23	나는 어떤 일을 할 때 온 힘을 다한다.					
24	사람들은 날 보고 열정이 가득 찬 사람이라고 한다.					

번호	문항 내용	전혀 아니다	약간 그렇다	어느 정도 그렇다	상당히 그렇다	매우 그렇다
		1	2	3	4	5
25	누가 나에게 한 불쾌한 일을 잘 잊어버리는 편이다.					
26	나에게 함부로 대하는 사람들의 행동을 이해하려고 노력한다.					
27	난 내가 특별한 사람인 것처럼 행동하지 않는다.					
28	나는 내가 이룬 것에 대해서 자랑하지 않는다.					
29	난 매우 조심스러운 사람이다.					
30	나는 행동하기 전에 항상 결과를 생각한다.					
31	나는 내 감정을 잘 조절한다.					
32	나는 내게 주어진 일을 예외 없이 예정된 시간까지 한다.					
33	나는 내가 속한 집단의 이익을 위해서 내 개인의 이익을 기꺼이 희생한다.					
34	집단의 일원으로 일할 때, 나는 최선을 다한다.					
35	나는 그 사람이 어떤 사람이든 모든 사람을 동등하게 대우한다.					
36	나는 내가 하지 않은 일에 대해서 공로를 인정받는 것을 거부한다.					
37	나는 집단 활동을 계획하는 데 능하다.					
38	나의 장점 중 하나는 서로 다른 여러 사람들이 협력해서 일을 하도록 도울 수 있다는 점이다.					

번호	문항 내용	전혀 아니다 1	약간 그렇다 2	어느 정도 그렇다 3	상당히 그렇다 4	매우 그렇다 5
39	나는 일반인이 모르고 지나치는 것에서 아름다움을 발견한다.					
40	나는 아름다운 것을 보면 깊은 감동을 느낀다.					
41	내 삶을 돌이켜 볼 때 감사해야 할 일이 많다.					
42	나는 매우 다양한 사람에게 감사함을 느낀다.					
43	어려움에도 불구하고 난 미래에 대해서 항상 희망적이다.					
44	다른 사람들이 부정적이라고 생각하는 것에서도 나는 긍정적인 면을 잘 찾아낸다.					
45	난 다른 사람들을 웃게 하고 즐겁게 하는 것에서 만족을 느낀다.					
46	대부분의 사람들은 나와 함께 있으면 즐겁다고 한다.					
47	인생에는 의미가 있다고 믿는다.					
48	나는 절대적인 힘 또는 신의 존재를 믿는다.					

◈ 각 문항의 점수를 작성하고 1∼24위까지 순위를 매겨 보고, 그래프를 그려 보자.

	창의성	호기심	개방성	학구열	지혜	사랑	친절성	사회지능	용감성	끈기	진실성	활력	용서	겸손	신중성	자기조절	시민의식	공정성	리더십	감상력	감사	낙관성	유머감각	영성
10																								
9																								
8																								
7																								
6																								
5																								
4																								
3																								
2																								
1																								
강점	창의성	호기심	개방성	학구열	지혜	사랑	친절성	사회지능	용감성	끈기	진실성	활력	용서	겸손	신중성	자기조절	시민의식	공정성	리더십	감상력	감사	낙관성	유머감각	영성
문항	1	3	5	7	9	11	13	15	17	19	21	23	25	27	29	31	33	35	37	39	41	43	45	47
문항	2	4	6	8	10	12	14	16	18	20	22	24	26	28	30	32	34	36	38	40	42	44	46	48
합계																								
순위																								

당신의 대표 강점은 무엇인가?

자신의 높은 강점 다섯 가지에서 일곱 가지를 찾아보자. 보통 10점에서 9점의 점수를 받은 강점이 자신의 대표 강점으로 나타낸다. 4점부터 6점까지 낮은 점수는 하위 강점, 즉 약점으로 나타낼 수 있다. 대부분이 자신이 가지고 있는 강점이라고 생각하겠지만 아닌 것 같은 한두 가지도 있을 것이다. 찾지 못했던 한두 가지 특성일 수도 있고 어쩔 수 없이 해야 하는 특성이 발휘되었을 수도 있다.

대표 강점을 확인하는 문항들이 있다. 다음의 내용들이 충족된다면 자신의 대표 강점이라고 할 수 있다.

- 자신의 강점에 대해서 '맞아, 이게 내 모습이야'라는 확신이 드는가?
- 자신의 강점을 처음으로 드러낼 때 기쁨과 흥분감을 느끼는가?
- 자신의 강점을 활용할 때는 피곤함보다는 의욕과 기운이 나는가?
- 자신의 강점을 사용하고자 하는 내적 동기를 가지는가?
- 자신의 강점에 따라 행동하기를 원하는가?

대표 강점을 찾아 활용하는 것은 자기실현에 있어 매우 중요하다. 이러한 자신의 강점을 매일 일상 속에서 다양한 방식으로 활용한다면 행복을 키우는 데 효율적인 것으로 확인된 방법이다(Seligman, Steen, Park, & Peterson, 2005). 이러한 강점을 발휘하는 일들은 의욕과 활기를 찾게 하는 동기를 부여하게 되고, 어떤 일에서 탁월한 결과와 개인의 성취를 이룰 수 있도록 하는 역량이 되기 때문에 자신의 대표 강점을 알아가는 것이 중요하다.

3. 나의 대표 강점을 나타내는 순간

긍정심리학 창시자인 마틴 셀리그먼은 "행복한 삶이란 일상생활에서 자신의 대표 강점을 날마다 발휘하여 행복을 만들어 가는 것이고, 의미 있는 삶은 행복한 삶에 한 가지를 더하는 것"이라고 말한다. 그 한 가지란 자신의 강점을 발휘해 지식과 능력을 키울 수 있도록 활용하는 것이며, 이러한 지식과 능력을 키울 때 비로소 자신이 원하는 의미 있고도 행복한 삶이 될 것이다. 이제 자신의 강점을 키울 수 있는 방법은 무엇일지 알아보고 자신만의 활용 방법을 만들어 보도록 하자.

덕목과 강점 요약

덕목	덕목의 의미	강점	요약
지혜 · 지식	더 나은 삶을 위해서 지식을 습득하고 활용하는 것과 관련된 인지적인 강점	창의성	• 독창적일 뿐만 아니라 적응적인 사고와 행동을 만들어 내는 개인적인 특성을 의미 • 기발하고 놀라운 독창적인 생각이나 행동
		호기심	• 새로운 정보, 지식, 경험을 얻고자 하는 욕구로서 탐색적인 행동을 유발 • 새로운 경험과 학습을 촉진하며 내재적인 만족과 성취
		개방성	• 신념, 계획, 목표에 반대되는 증거들을 적극적으로 탐색하며, 그것이 적절한 것이라면 기꺼이 수용하는 열린 마음 자세 • 사실을 있는 그대로 받아들이고자 하는 객관적이고 냉철한 태도
		학구열	• 새로운 지식이나 기술을 배우는 것에 대한 갈망과 더불어 그러한 기술과 지식의 숙달에 대해서 긍정적인 정서를 경험하는 능력 • 기술을 익히고 호기심을 충족시키며 지식을 증진하고 새로운 것을 배움
		지혜	• 뛰어난 수준의 지식과 판단 및 조언 능력을 의미하며, 자신 또는 다른 사람의 행복을 위해 유익하게 활용

덕목	덕목의 의미	강점	요약
자애 · 인간애	다른 사람을 보살피고 친밀해지는 것과 관련된 대인관계적 강점을 의미	사랑	• 다른 사람과 깊은 애정을 형성하고 유지할 수 있는 심리적 능력
		친절성	• 타인의 행복을 위해서 배려하고 호의를 베풀며 선한 행동을 함으로써 보살펴 주려는 개인의 성향 • 자신의 이익에 상관없이 타인에게 호의를 베푸는 태도
		사회지능	• 다른 사람들과의 관계에서 친밀감과 신뢰감을 형성할 뿐만 아니라 그들에게 영향력을 행사할 수 있는 개인적 능력 • 자신과 다른 사람의 감정 상태를 잘 파악하고 적절하게 정서 표현을 할 수 있고 정확히 이해하는 능력과 평가 능력
용기	내면적 · 외부적 난관에 직면하더라고 추구하는 목표를 성취하려는 의지와 관련된 강점	용감성	• 위험하고 위협적인 상황에서 두려움을 이겨 내고 그 상황을 극복하기 위한 적절한 행동을 자발적으로 하는 능력 • 위험, 도전, 난관, 고통에 위축되지 않고 이를 극복하는 능력을 신념에 따라 행동
		끈기	• 여러 가지 난관과 좌절에도 불구하고 목적 지향적인 행동을 자발적으로 지속하는 능력 • 시작한 일을 마무리하여 완성하는 능력으로 일련의 계획된 행동을 지속해 나가면서 과제를 완수하고 그로부터 만족감을 느끼는 태도
		진실성	• 자신의 내면적 상태, 의도, 행위를 사적으로든 공적으로든 정확하게 드러냄으로써 자신에게 솔직해지려고 노력하는 인격적 특질 • 가식이나 위선 없이 자신에 관한 진실하고 자신의 감정과 행동에 책임
		활력	• 활기차고 적극적으로 살아가는 동시에 생동감과 행동력을 지니고 삶과 일을 대하는 태도 • 추구하는 목표를 향해 열의를 지니고 강렬하게 추진하는 태도

덕목	덕목의 의미	강점	요약
절제	지나침으로부터 우리를 보호해 주는 긍정적 특질들로서 극단적인 독단에 빠지지 않는 중요적인 강점	용서	• 공격이나 상처를 받은 피해자가 가해자에 대해서 나타내는 긍정적인 심리 변화 • 상대방에 대한 분노 감정과 보복 욕구를 개인이 자발적으로 내려놓는 심리적 노력, 사회구성원 간의 갈등과 폭력을 감소
		겸손	• 자신의 장점이나 성취에 대해서 절제된 평가를 하는 일반적 태도 • 자신에 대해 절제된 평가를 하는 내면적 상태일 뿐만 아니라 그와 일치되는 사회적 행동으로 자신을 드러내는 것을 포함
		신중성	• 선택을 조심스럽게 함으로써 불필요한 위험에 처하지 않으며 나중에 후회할 말이나 행동을 하지 않는 능력 • 언행을 사려 깊고 조심스럽게 할 뿐만 아니라 자신이 추구하는 장기적 목표가 효과적으로 성취되도록 체계적으로 접근하는 태도
		자기조절	• 지향하는 목표나 기준에 도달하기 위해서 자신의 생각, 감정, 충동, 행동을 조절하고 통제할 수 있는 능력 • 도덕적 행위뿐만이 아니라 현실적인 목표 달성에도 도움
정의	건강한 공동체 생활과 관련된 사회적 강점	시민의식	• 자신이 속한 집단의 이익을 추구하고자 하는 책임의식으로서 사회나 조직 속에서 자신에게 주어진 임무와 역할을 인식하고 부응하려는 태도 • 집단의 구성원으로서 자신에게 주어진 역할과 임무를 충실하게 수행하면서 집단에 대한 충성과 헌신하는 자세
		공정성	• 모든 사람을 편향된 개인적 감정의 개입 없이 동등하게 대하는 태도 • 사적인 감정이나 편견으로 인한 치우침 없이 모든 사람에게 공평한 기회를 주고 같은 규칙에 따라 대하는 태도

덕목	덕목의 의미	강점	요약
정의		리더십	• 집단 활동을 조직화하고 활동이 진행되는 것을 파악하여 관리함으로써 집단을 이끌어 나가는 능력 • 자신이 속해 있는 집단의 구성원을 격려하여 각자의 임무를 완성하게 하는 동시에 구성원 간의 조화로운 관계를 육성하고 집단을 조직화하는 능력
초월	더 크고 더 영원한 것에 가 닿는 정서적 강점	감상력	• 아름다움과 탁월함에 대한 인식 능력 • 아름답고 탁월한 것을 추구하고 인식하며, 그러한 것들로부터 즐거움을 느낄 수 있는 심미적 능력
		감사	• 자신에게 베풀어진 다른 사람의 수고와 배려를 인식하고 고마움을 느끼는 능력 • 선물을 받았다는 것에 대한 반응으로 느끼는 고마움과 기쁨으로 다른 사람의 행위로 인해 이익을 얻었다는 인식에서 생겨남
		낙관성	• 미래에 대한 긍정적인 태도를 의미 • 소망하는 일들이 미래에 실현될 것을 기대하는 희망적인 태도로서 긍정 정서와 활기찬 행동을 통해서 목표 지향적 행동을 촉진
		유머감각	• 인생의 역설적인 측면을 예리하게 포착하여 즐기면서 다른 사람들을 웃게 만드는 능력 • 유희적인 삶의 태도, 장난기와도 밀접한 관계, 인생의 고통스럽고 모순적인 측면에 대해서 유쾌하고 초월적 태도로 임함
		영성	• 인생의 초월적인 측면에 대한 관심과 믿음, 수행 노력을 의미 • 궁극적인 것, 절대적인 것, 영원한 것, 성스러운 것을 추구하는 태도, 인생의 의미와 목적의식을 느끼고 충만한 삶을 살아가는 데 기여

출처: 권석만(2008). 긍정심리학. 서울: 학지사.

이러한 강점들 중 특수한 상황에서 주로 발현되는 강점들도 있다. 용감성, 공정성, 용서, 낙관성, 진실성, 리더십, 신중성, 자기조절, 시민정신이 그러하다. 이런 강점이 발현되는 특수한 상황을 인지하지 못한다면 그러한 강점을 지니고 있는지 잘 알 수 없다. 따라서 자신의 강점을 잘 알고 일상생활 속에서 적절히 발휘하여 보자.

대표 강점 발휘 사례

나의 대표 강점은 감상력이다.

오늘 저녁에 바라보는 해변가의 거리는 평온하고 행복한 풍경이다. 일을 마치고 집으로 행하는 길에 쌍둥이 유모차에 예쁜 아이가 서로를 바라보며 잠들어 있는 모습을 보게 되었다. 나도 모르게 얼굴에 미소가 지어지면서 자는 모습이 어찌나 평화롭던지 자꾸만 쳐다보게 되었다. 평화롭고 소중하고 순수한 모습 위로 성인이라는 이름하에 순수함을 잃어버리고 삶에 찌든 내 모습이 겹쳐졌다. 건널목 신호대기의 짧은 순간 제임스 므라즈(James Mraz)의 'I Won't Give Up'이 흘러나왔다. 조명에 비치는 바다와 음악과 미소 짓는 아이들을 보니 더 없이 행복한 저녁이었다. 나는 바다를 바라볼 때나 라디오에서 제임스 므라즈의 노래가 나올 때 때때로 그때를 떠올리면서 행복감에 젖는다. 나의 대표 강점 중 하나가 감상력이다. 강점을 찾고 난 후부터는 사람이나, 사물, 자연을 감상하면서 더 큰 행복을 느낀다. 그리고 스트레스를 받거나 화가 나는 일이 있을 때 감상력을 발휘해 드라이브로 날려 버린다. 나의 장점인 감상력이 너무 좋다.

나를 지키는 강점 방패

◈ 높은 점수를 받은 대표 강점 다섯 가지와 그 강점에 대한 나의 생각 또는 좋았던 경험을 적어 보자.

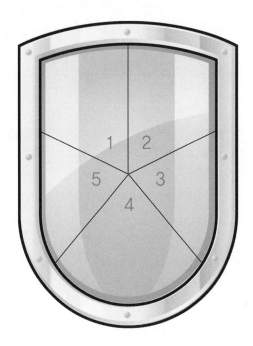

◈ 낮은 점수를 받은 약점 기능 세 가지를 적어 보자.

내가 가지고 있는 약점 중 필요해서 활용되어야 하는 기능은 무엇이 있는지 체크하고 연마하는 방법을 찾아보자.

1	• 약점 • 연마 방법
2	• 약점 • 연마 방법
3	• 약점 • 연마 방법

자신에 대해서 알아보고 강점과 약점을 찾아보았는가? 자신을 알아차리기 위한 시간과 노력이 그 어떤 시간보다 중요하다는 것을 알고 당신이 얼마나 멋진 사람인지 알게 되었길 바란다. 놀라울 정도로 당신은 멋지다.

이런 멋진 자신이 누구와 어떤 모습으로 함께하고 있는지 궁금하지 않은가? 자신을 알았다면 다음 단계로 자신이 어느 곳에서 어떤 모습으로 어떤 역할을 하고 있는지 찾아보자.

4. 대표 강점을 키우는 방법

24가지 강점을 연마할 수 있는 방법을 약식으로나마 제안한다.

덕목	강점	강점 키우는 방법
지혜 · 지식	창의성	• 집에 있는 물건들을 정해서 전형적인 쓰임이 아니라 새로운 용도를 사용하는 방법을 찾아본다. • 도예, 사진, 조각, 회화, 서예를 가르치는 교육 프로그램에 참여한다. • 내가 쓴 글이나 시를 담은 카드를 친구에게 보내거나 SNS에 올린다.
	호기심	• 전혀 알지 못하는 낯선 주제에 관한 강의를 듣는다. • 잘 모르는 음식을 하는 음식점에 가 본다. • 우리 동네 새로운 곳을 발견하고 그곳의 역사에 대해 배운다.
	개방성	• 대화를 하면서, 나의 의견과 반대되는 입장을 취해서 주장을 해 본다. • 나와 다른 정치적 입장을 선전하는 신문을 읽어 보거나 라디오 방송을 들어 본다. • 매일 나의 독선적인 의견이 무엇이며 어떤 점에서 잘못되었는지 생각한다.

덕목	강점	강점 키우는 방법
지혜 · 지식	학구열	• 매일 새로운 어휘를 배우고 활용해 본다. • 학생이라면, 필독서가 아니라 권장 도서까지도 읽어 본다. • 비소설류의 책을 읽거나 강의를 듣는다.
	지혜	• 내가 알고 있는 가장 지혜로운 사람을 생각해 본다. 그리고 그 사람인 것처럼 하루를 살아 본다. • 친구든 가족이든 아니면 직장동료든 두 사람 간의 갈등을 해결하도록 노력한다.
자애 · 인간애	사랑	• 가장 친한 친구가 좋아할 수 있는 어떤 일을 해 본다. • 누군가 나를 칭찬하면 어색하거나 주저하지 말고 '고맙다'고 말한다. • 사랑하는 사람에게 짧은 편지를 쓰고 그날 그 사람이 쉽게 발견할 수 있는 곳에 둔다.
	친절성	• 운전을 하면서 보행자에게 양보한다. 걸으면서 차에게 양보한다. • 친구나 가족을 위해서 몰래 좋은 일을 해 본다.
	사회지능	• 누군가 다른 사람을 편안하게 느끼도록 해 준다. • 친구나 가족이 괴로움을 느끼는 때를 인식하고, 그들을 격려해 준다.
용기	용감성	• 두렵기 때문에 내가 평소에 하지 않았던 일들을 해 본다. • 여러 사람에게 나의 독특한 생각을 말해 본다.
	끈기	• 해야 할 일들의 목록을 만들어 보고, 매일 그 목록에 있는 일들을 하나씩 해 본다. • 중요한 일들을 계획한 것보다 일찍 완성해 본다.
	진실성	• 친구에게 하는 거짓말(거짓 칭찬이나 아부)을 삼간다. • 어떤 사람에게 나의 동기나 의도를 설명할 때 진솔하고 정직하게 말한다.

덕목	강점	강점 키우는 방법
용기	활력	• "왜 해야 하지?"라고 말하기보다 "왜 하지 말아야 하지?"라고 말해 본다. • 의무적으로 해야 하는 일이 아니라 진정으로 원하는 일을 매일 해 본다.
절제	용서	• 매일 경험한 불쾌한 분노 감정은 그날에 풀어 버리고 오래도록 마음속에 담아 두지 않는다. • 용서의 편지를 쓴다. 나에게 불쾌한 일을 한 사람을 용서하는 편지를 써 보고 그것을 보내지는 않지만 일주일 동안 매일 읽어 본다.
	겸손	• 하루 동안 자신을 주장하거나 내세우는 말을 전혀 하지 않는다. • 아무도 나에게 주의를 주지 않을 평범한 옷차림새를 하고 지내 본다.
	신중성	• '고마워요', '미안합니다'라는 말 이외의 무언가를 말하기 전에 한 번 더 생각해 본다. • 무엇인가 먹기 전에 '이것이 건강에 도움이 되는지' 자신에게 질문해 본다.
	자기조절	• 다른 사람에 대한 험담이나 비난을 하지 않도록 노력한다. • 열을 받아 화가 날 때 10까지 숫자를 세어 본다. 필요하면 한 번 더 반복한다.
정의	시민의식	• 매일 5분을 할애하여 길거리의 쓰레기를 주워 휴지통에 넣어 본다. • 자선단체나 봉사단체에 자원하여 돕는다.
	공정성	• 적어도 하루에 한 번씩 실수를 인정하고 그것에 대한 책임의식을 느껴 본다. • 다른 사람들이 주장하는 것을 간섭하지 않은 채로 끝까지 경청해 본다.
	리더십	• 새로운 사람이 환영받는다는 느낌을 갖도록 행동해 본다. • 친구들을 위해서 사교적인 모임을 주선해 본다.

덕목	강점	강점 키우는 방법
초월	감상력	• 나에게 익숙하지 않은 미술관이나 박물관을 찾아가 본다. • 적어도 하루에 한 번씩 잠시 멈추어 자연의 아름다움(일출, 일몰, 식물, 꽃, 새 등)을 느껴 본다.
	감사	• 내가 하루 동안 '고마워요'라는 말을 얼마나 많이 하는지 되새겨 본다. 그리고 일주일 동안 매일 그 수를 늘린다. • 매일 저녁에 하루 동안 잘 이루어진 일을 세 가지씩 적어 본다.
	낙관성	• 과거에 실패했던 일들을 생각해 보고 그것으로 인해 오히려 도움을 받게 된 경우를 생각해 본다. • 나의 비관주의적인 생각을 반박하여 그것에 저항해 본다.
	유머감각	• 매일 적어도 한 사람을 웃기거나 즐겁게 만들어 본다. • 책이나 인터넷을 통해서 재미있는 유머나 이야기를 수집하여 즐긴다.
	영성	• 매일 인생의 목적에 대해서 생각해 본다. • 하루를 시작하기 전에 명상을 해 본다.

3ON action plan

구분	내용
ON Self-Reflection 자아성찰	※ [과거] 이 활동을 하기 전까지의 나는?
ON Realistic Goal 현실목표	※ [현재] 지금의 나는?
ON New Movement 대안실행	※ [미래] 나의 미래를 위해 지금부터 새롭게 실천해야 하는 것은?
지금 나의 점수는?	① ② ③ ④ ⑤ ⑥ ⑦ ⑧ ⑨ ⑩ 점

Chapter

3

나의 역할

사람은 자기 자신을 알아야 한다.
그것이 진리를 발견하는 데 도움이 되지는 않을지라도
생활의 질서를 세우는 데 도움이 될 것이다.
그리고 이보다 더 당연한 일은 없다.

– 팡세 –

다른 사람이 그려 준 나

◈ 자기 이름을 오른쪽 상단에 쓴다. 오른쪽 친구에게 전달한다. 이름이 적힌 친구의 얼굴형을 그린다. 오른쪽 친구에게 전달한다.

얼굴형 → 머리카락 → 눈썹 → 눈 → 코 → 입 → 귀 → 얼굴의 특징 순서로 친구의 얼굴을 그린다(한 부위씩 그림을 그리고 오른쪽 친구에게 전달한다).

이름: _____

1. 나의 모습

너의 눈에 나

친구가 그려 준 나의 얼굴은 어떤가? 나와 닮았는가? 잘 그린 얼굴은 아니지만 어딘가 모르게 닮아 있다. 어쩌면 내가 모르고 있던 나의 얼굴을 찾아낼 수도 있다. 나는 누구를 닮았는가? 나와 비슷한 부모님, 형제, 자매, 유명인은 누구인가? 이 순간은 친구가 그려 준 나의 얼굴을 볼 수 있는 기회이고, 내가 아닌 친구의 얼굴을 유심히 들여다볼 수 있는 기회이다. 찬찬히 들여다본 친구의 얼굴은 어떤가? 그리고 친구 또는 타인의 눈에 비친 나의 모습과 내가 바라본 나의 모습을 살펴보자.

2. 나의 역할

거울에 비친 나

거울에 비친 나의 얼굴을 자세히 들여다본 적이 있는가? 나의 얼굴 속 구석구석은 다른 사람들과 전혀 다른 유일한 나만의 모습이다. 이 세상 모든 사람은 각기 다른 자신만의 얼굴을 가지고 있는 서로 다른(특별한) 존재이다. 이 특별한 사람들은 비슷하지만 다양한 영역에서의 삶을 살아간다. 그 영역 안에서 내가 보지 못하는 나의 얼굴에는 다양한 변화가 아주 미세하게 나타날 것이다.

누구와 함께 있는지 어느 곳에서 어떤 상황에 처해 있는지에 따라 내가 아닌 다른 얼굴의 내가 될 수 있다. 가면 속의 나와 온전한 나의 모습을 보여 줄 수 있을 것이다. 즉, 가정, 일, 사회와 관련된 삶 속에서 다양한 모습과 다양한 역할로 영역을 만들어 살아가고 있음을 알 수 있다. 이 모든 영역에서의 삶이 모여 일생을 살아가는 삶(생애)을 이룬다.

우리는 일생을 살아가는 동안 다양한 영역에서 각기 다른 목표를 가지고 있기 때문에 이루어야 하는 목표가 매우 많다. 그래서 자신의 삶에서 목표를 하나라고 말하기 어렵다. 성공한 커리어, 행복한 가정, 건강한 몸, 원하는 만큼의 금전, 이러한 각각의 목표들은 독립적인 듯하지만 서로 연결고리처럼 묶여 있기 때문에 균형과 조화가 필요하다.

자신이 속해 있는 각 영역에서의 연결고리는 다양하게 나타난다. 가정이라는 테두리 안에서 자식이자 부모이자, 아내 또는 남편이다. 이 테두리 안에서 학생이나 직장인이고, 학생이라는 테두리 안의 총대 등 각 영역 안에서 또 하나의 주요한 역할이 부여된다. 아침부터 잠들기 전까지 자신의 활동을 생각해 보면 아빠, 엄마의 딸에서 누나, 오빠, 친구, 여자친구, 학생, 아르바이트생, 취준생 등 다양하게 분리된 역할을 가지고 있다. 이와 같이 개인의 성향, 능력, 기질, 열정, 타인과의 관계, 역할 등을 반복적으로 관찰하다 보면 각각의 영역에서 나만의 모습을 확인할 수 있다. 각각의 역할은 자신에게 어떠한 성취와 감정, 책임과 요구가 따르게 마련이고 그러한 성취를 이루지 못하거나 책임과 요구에 적절히 대응하지 못할 때 심리적 부적응을 경험하게 된다. 그러므로 자신이 이루고 있는 다양한 역할(다중역할)을 정리해 보는 것이 필요하다. 그리고 그 다중역할 인식과 연결되어 있는 자신만의 중요 역할을 하나씩 이루어 가는 방법을 찾는 것이 중요하다.

3. 다중역할이란

다중역할과 자기복합성

　세상 사람들은 각자의 다양한 역할에서 성공을 느끼고 싶어 한다. 그러나 언제나 소수의 사람들만 각각의 역할에서 성공을 경험한다. 아마도 그 이유는 사람들이 모든 역할을 완벽하게 소화해내고 싶어 하고 그것을 당연하게 생각하기 때문이다. 하나의 역할을 완벽히 소화해 냈다고 하더라도 성공했다고 생각하지 못할 것이다. 자신의 다양한 역할을 분리하지 못하고 하나의 역할로 인식해 다중역할을 잘 이해하고 받아들이지 못하기 때문이다. 성공의 딜레마에서 중요한 것은 성공하면 행복한 삶이라 기대하는데 기대와 다르게 행복한 삶을 산다고 확신하는 사람은 소수라는 점이다. 또한 사람들이 성공하고 싶다는 것은 성공에서 오는 행복을 모든 역할에서 온전히 느끼고 싶어 하기 때문이다.

　사람들이 자기 자신에 대해 알고 있는 모든 지식을 바탕으로 다양한 자신의 모습을 인식하는 것을 자기복합성이라 한다. 자기복합성이 높다는 것은 자신이 세부적으로 활동하고 있는 다양한 역할이 많음을 알고 있으며, 그 역할 간의 경계(분리)를 뚜렷하게 인식하고 있음을 의미한다. 반면 자기복합성이 낮다는 것은 자신이 다양한 역할을 하고 있다는 것을 모르고 있을 뿐만 아니라, 그 역할 간의 경계 또한 뚜렷하지 않음을 의미한다. 예를 들어, 스스로를 부장, 선배, 남편, 아버지, 절친한 친구, 아들로서의 뚜렷하게 분리된 역할을 지각하는 사람은 자기복합성이 높은 사람이며, 자신을 단지 직장인과 가장으로 인식하고 자신의 다양한 역할을 지각하지 않는 사람은 자기복합성이 낮은 사람이다. 다중역할에 대한 인지 부족으로 자기복합성이 낮으면 자신이 속해 있는 각기 다른 영역에서의 역할들이 하나의 역할로 부과되어 역할 간 갈등이 일어나고 스트레스, 우울, 신체적 질병까지 나타난다. 또한 자신의 가정뿐만이 아니라 원가족의 역할로 인한 갈등, 일-가족 속에서 남편과 아내 그리고 부모이기도 하고 자식이기도 한 역할 갈등, 사회 속에서 타인에게 원치 않는 웃음을 지어야 하는 역할 등 다양한 역할로 살아가는 데 큰 영향을 미치는 중요한 방해 요소로 작용한다.

그러므로 자신의 다양한 역할을 확인하고 각 영역의 역할별로 분리시켜 자신의 모습을 알아 가야 한다. 즉, 자신이 맡고 있는 다양한 역할이 무엇인지 정의하고 우선순위와 해야 하는 핵심 활동에 대해 명확해야 한다.

그렇게 되면 자신이 누구인지, 어떤 모습인지, 왜 이 역할을 해야 하는지, 그 역할이 주는 의미는 무엇인지 지각하게 되고 앞으로 생애를 살아가는 동안 성공 후 행복을 느낄 수 있는 길잡이가 될 것이다.

지금부터 자신의 역할을 찾아가는 활동을 시작해 보자.

나는 무엇을 하고 있을까?

나는 회사에 10일의 휴가를 내고 크루즈 여행으로 태평양을 지나고 있다. 크루즈 안에서 가족, 친구, 외국인, 다양한 사람과 함께 관광을 하고 있다. 그런데 일주일이 지날 무렵 조난을 당하고 만다. 다행히 모든 사람이 구명보트를 타게 되었지만 친구와 몇몇 사람이 다쳐 돌봄이 필요한 상황이다. 힘들게 바다를 떠돌던 중 무인도를 발견하고는 섬에 들어서게 되었다. 섬은 매우 아름다웠지만 아무도 살고 있지 않았고 밤이 되면 무엇이 나타날지 모르는 두려움 속에 떨었다. 선장은 구조대가 올 것이니 걱정하지 말라고 하지만 언제 도착할지 모르는 구조대를 기다리는 건 힘이 들었다. 사람들은 배가 고프고 지루하고 불안해하고 있는 상태이다. 이 상황을 극복하기 위해 조금씩 무리를 짓게 되었고 지금의 상황에 대해 이야기하고 어떤 일들을 하면서 구조대를 기다릴지 이야기하기 시작했다.

◈ 지금 이 상황에서 나는 무엇을 할 수 있을까? 그리고 가장 걱정되는 일은 무엇일까? 그 이유는?

내 인생의 수레바퀴

◈ 자신에게 의미 있고 중요하다고 생각되는 현재 자신의 여러 역할(딸, 아들, 손녀 등)과 생활의 활동 분야(대학 2학년, 총대, 음악 동아리, 친구, 연인 등)를 가능한 많이 적어 보자. 어떤 기준이든 상관없다. 단 자신이 속해 있어야 한다. 역할의 비중에 따라 원형 크기를 다르게 그려 보자.

예)

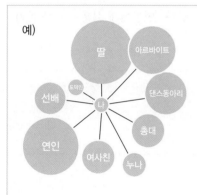

◈ 각각의 역할에 해당하는 현재 자신의 모습을 떠올리고 비중이 큰 순서대로 적어 보자. 그리고 다음 페이지의 단어 중 자신의
모습에 해당하는 형용사를 역할 옆에 써 보자. 형용사를 쓴 이유는 무엇인가?

번호	역할	형용사	이유
예시	딸	부담스럽다 신경질적이다 헌신적이다	• 아프니깐 일찍 집에 들어오라고 하셨지만 더 놀고 싶어서 부모님께 짜증 낸다. 그러나 집안일이라고 하면 무엇보다 일순위다. 그래서 부담스럽다.
예시	연인	다정다감하다 세심하다 자신이 없다	• 가지고 싶어 했던 선물을 기억했다가 기념일에 사 준다. 연인에게 싫은 소리를 듣기 싫어서 항상 의견을 따른다.
1			
2			
3			

◈ 나를 표현하는 형용사

진지하다	자신감이 부족하다	신중하다	신경질적이다
진실하다	불안하다	다정하다	화가 자주 난다
자신감이 있다	변덕스럽다	활발하다	과민하다
개방적이다	못났다	차분하다	수동적이다
매력적이다	성급하다	착하다	솔직하지 못하다
원만하다	우유부단하다	편안하다	차갑다
성실하다	의욕이 없다	끈기 있다	비사교적이다
친절하다	독단적이다	책임감 있다	무기력하다
적극적이다	이기적이다	의욕 있다	게으르다
똑똑하다	충동적이다	믿음직스럽다	외롭다
사려 깊다	미련하다	여유 있다	경솔하다
협동적이다	현명하지 못하다	다정다감하다	방어적이다
강인하다	다재다능하다	단호하다	유머러스하다
객관적이다	보수적이다	말이 많다	직설적이다
경쟁심이 강하다	빈틈이 없다	에너지 넘치다	입이 무겁다
냉정하다	사교적이다	신뢰할 수 있다	융통성이 있다
느긋하다	반항적이다	신중하다	학구적이다
집요하다	충동적이다	공격적이다	분석적이다
특이하다	카리스마 있다	긍정적이다	소심하다
헌신적이다	겁이 많다	도전적이다	태평하다
민감하다	설득력 있다	흥이 많다	부담스럽다

'나'다운 것은 무엇인가

◈ 자신의 수레바퀴와 형용사를 보면서 작성해 보자.

나를 나타내는 형용사 5개를 체크해 보자.	
가장 나다운 모습의 역할은 어떤 역할인가? 그 이유는 무엇인가?	
가장 나답지 않은 역할은 무엇인가? 그 이유는 무엇인가?	
나를 나타내는 형용사 5개를 체크해 보자.	
가장 나다운 모습의 역할은 어떤 역할인가? 그 이유는 무엇인가?	
가장 나답지 않은 역할은 무엇인가? 그 이유는 무엇인가?	

자신이 작성한 인생의 수레바퀴를 보는 기분이 어떠한가? 앞에서 보듯이 나는 다양한 영역에서 다중의 역할을 한다. 다중의 역할을 하면서 조화와 균형을 이루지 못하고 어느 한쪽으로 치우치면 내·외적인 갈등이 발생하는 것을 경험할 것이다. 개인이 활용할 수 있는 정신적·시간적·물질적 에너지가 한정되어 있기 때문에 한 영역에 에너지를 모두 사용하면 다른 영역에서는 결핍이 생기는 이유이다.

더불어 다중역할은 집단으로 구성된 사회에서 나타나는 요소이기 때문에 다른 사람의 영향력을 무시할 수 없다. 다른 사람을 통해 자신의 역할을 인지하거나 다른 사람의 모습을 보면서 자신의 역할을 정의할 수 있도록 구성되어 있다. 그러므로 균형을 이루고 갈등을 해소하기 위해서는, 첫째, 모든 영역에서 최고가 될 수 없음을 깨닫고, 둘째, 다양한 역할을 정의하여 우선순위를 결정하고, 자신에게 가장 중요한 것이 무엇인지 생각해야 한다.

4. 나의 역할 찾기

역할모델

역할모델은 존경스럽거나 모방하고 싶은 가치를 가지고 있으며, 다른 사람에게 삶과 행동에 영향력을 행사하는 사람을 이야기한다. 영향력과 더불어 가야 하는 방향을 제시해 주며 지지해 주는 역할을 한다. 비슷한 단어로 멘토(mentor)라는 말을 쓰기도 하며 직간접적으로 영향력을 행사하는 관계로 형성된다. 그러나 모든 사람이 영향력을 받는 것이 아니라 받고자 하는 사람, 수용적인 자세로 적극적으로 변화를 추구하는 태도를 가진 사람들에게 중요하게 인식된다.

역할모델은 심리학자 앨버트 밴듀라(Albert Bandura)의 사회학습이론에서부터 시작되는데 관찰을 통해 새로운 기술과 행동들을 배우고, 그 행동들이 강화되어 새로운 행동으로 변화된다고 한다. 즉, 성취하고 행동하면서 역할모델처럼 해낼 수 있다는 자신감, 믿음이 높아진다. 따라서 역할모델에 대해 구체적으로 세분화한 계획이 필요하다. 그러나 아이러니하게도 미래에 대해 지나치게 긍정적이면 성취감을 느끼기 위한 행동이 상대적으로 작기 때문에 삶의 만족도가 떨어질 수 있다. 또한 현실적이고 구체적인 목표를 정하지 못하고 그 과정을 어려워한다면 삶의 목표를 이루기 쉽지 않기 때문에 좌절감을 느끼게 될 것이고 역할모델에 악영향을 미치게 된다. 그러므로 현실적이면서 구체적인 목표를 정해서 정확한 정보를 파악하는 것이 자신감과 믿음이 높아진다는 것은 자명한 일이다. 다른 사람이 겪었던 크고 작은 경험 안에서 표현되는 행동들을 관찰하고 구체화시켜 봄으로써 자신만의 새로운 행동을 일상생활에서 자연스럽게 활용하게 된다.

역사 속의 인물, 소설 속의 인물, TV드라마 속의 주인공, 부모님, 사촌들의 모습을 보면서 자신도 모르게 대사를 따라 하게 되고 좋은 글귀를 적어 놓게 되며 다른 사람들에게 감동받았음을 전달하게 된다. '저 사람 참 멋있다', '나도 저렇게 살고 싶다', '저 모습은 참 배우고 싶은 모습이야', '저 모습은 나와 닮아 있는데', '나도 저 사람과 같은 생각이야'라는 생각을 할 때가 있다. 어떤 사람들을 보면서 이런 생각을 했었는지, 어떤 점을 닮고 싶은지 구체적으로 생각해 보자. 지금까지 이런 사람이 없었다면 주변을 둘러보며 천천히 관찰해 볼 필요가 있다. 이런 활동은 나의 역할을 정의하고 삶의 방향을 찾는 데 도움이 될 것이다.

주변을 둘러보자

나의 주변에 내가 닮고 싶은 사람이 있는지 생각해 보자.	
왜 그 사람이 생각났을까?	
나와 유사하다고 생각되는 어떤 모습이 있는가?	
나와 어떤 차이점이 있고 그 차이점이 어떻게 활용되고 있는가?	

5. 나의 역할 다짐

　다른 사람과 나와의 '차이'를 확인하는 것은 정말 중요한 일이다. 차이를 잘못 생각하면 상대적인 우위를 비교하는 것이라고 생각하지만 비교와 차이는 어떻게 해석해야 하는지 확인할 필요가 있다. 사람들은 비교하는 것을 좋아한다. 학교, 월급, 직장 등 대화의 순간에 비교는 어느새 자리 잡고 있다. 다른 사람과의 '차이'를 어떻게 활용해 나가느냐가 그 사람이 살아가는 방식이 된다. 비교하고 차이를 느끼는 것이 나쁘다고 생각하지 않는다. 무엇을 비교했고 어떤 차이를 느꼈으며 그 차이 나는 점을 어떻게 활용하느냐가 중요하다. 다른 사람들의 역할에 집중해 너무 비교하는 것은 자신을 벼랑 끝으로 몰아붙이는 것과 같다. 적당히 '차이'를 확인하고 활용하도록 하자.

　마지막으로, 스스로를 가치 있는 사람이라고 느끼게 해 줄 목표를 세워 그 역할을 수행해 보자. 지금까지 살아온 자신의 역할이 왜곡되고 가고자 하는 목표와 다르더라도 괜찮다. 지금껏 자신의 수레바퀴의 무게를 견디며 굴려온 나에게 감사의 인사를 하고 다시 준비하면 된다. 고생 많았다고. 괜찮다고. 수고했다고. 그리고 역할을 잘 수행해 주어서 고맙다고. 모두가 알고 있듯이 선택은 자유이다. 그러나 그 선택 후의 삶에는 책임이 따른다는 것을 잊지 말자.

3ON action plan

구분	내용
ON Self—Reflection 자아성찰	※ **[과거]** 이 활동을 하기 전까지의 나는?
ON Realistic Goal 현실목표	※ **[현재]** 지금의 나는?
ON New Movement 대안실행	※ **[미래]** 나의 미래를 위해 지금부터 새롭게 실천해야 하는 것은?
지금 나의 점수는?	① ② ③ ④ ⑤ ⑥ ⑦ ⑧ ⑨ ⑩ 점

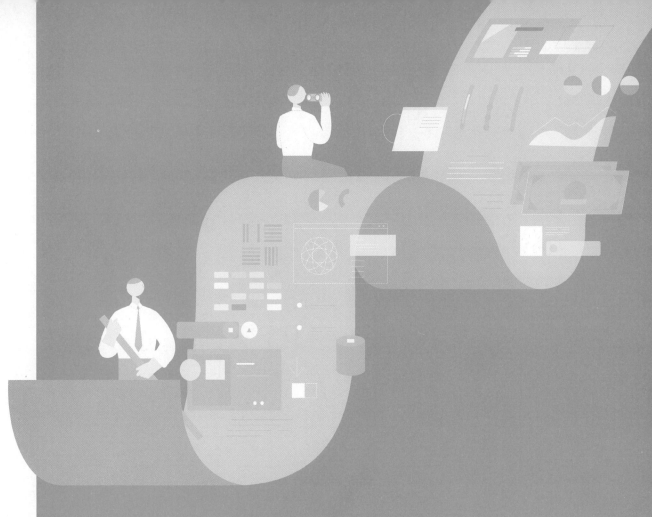

나의 가치관

'왜' 살아야 하는지를 아는 사람은
그 '어떤' 상황도 견뎌 낼 수 있다.

– 빅터 프랭클 –

당신의 선택은?

◆ 당신은 어떤 선택을 할 것인가?

【상황 1】

당신은 횡단보도 앞을 지나가고 있다. 그런데 30대 초반으로 보이는 여성 두 명이 싸우는 걸 목격했다. 그러고는 이내 한 명의 여성이 도망을 갔다. 별일 없이 끝나는가 보다 하고 지나칠 때쯤 비명소리가 나서 다시 쳐다보았다. 남아 있었던 한 명의 여성이 70대로 보이는 할아버지를 구타하고 있는 걸 보게 되었다. 주변을 둘러보니 나처럼 쳐다보며 서 있는 사람, 지나가는 사람, 수근거리는 사람들이 보였다.

• 당신이라면 이 광경을 보고 어떻게 행동하겠는가?

• 그 행동의 이유는 무엇인가?

• 그 행동에 있어 가장 중요하게 생각한 것은 무엇인가?

【상황 2】

당신의 소중한 사람이 생명의 위협을 느끼고 있어 현재 돈이 매우 급하게 필요하다. 빌릴 수 있는 모든 곳에 연락을 해 봤지만 구할 곳이 없는 난처한 상황에 처해 있다. 우연히 택시에서 고액의 현금이 든 가방을 주웠다. 주인이 누군가 현재로서는 알 수 없다. 우선 급한 일에 이 돈을 써도 될까? 곧 주인이 누구인지 알게 될 것이므로 아무리 급해도 쓰지 말고 기다릴까?

• 당신이라면 이 상황에서 어떤 선택을 할 것인가?

• 그리고 그 행동의 이유는 무엇인가?

• 그 행동에 있어 가장 중요하게 생각한 것은 무엇인가?

이러한 상황을 마주하게 된 사람들은 어떤 행동을 할까? 그냥 지나쳐 버리는 사람, 멀리서 바라보는 사람, 여성을 말리는 사람, 신고하는 사람 등 다양한 행동을 할 것이다. 이 상황에서 어떤 선택을 하든 그 사람에게 선택한 행동이 옳고 그르다고 말할 수 있을까? 잘못된 행동을 했다고 이야기할 수 있을까? 이러한 문제가 일어난 상황에 부딪혔을 때 인식하고 판단하여 선택된 행동을 하는 것을 자기 가치관에 따른 행동이라고 이야기한다.

1. 가치관이란

가치관이란 무엇인가?

'가치'라는 말에는 도덕적으로 올바르고 착하다는 의미('선善')가 포함되어 있다. 어떤 현상을 보고 가치 있는 일이라고 한다면, 그것은 '좋은 일'이라는 의미를 내포한다. 예를 들어, 사람들의 선행을 가치 있는 행위라고 이야기하는 것은 도덕적으로 올바르다('선善')는 뜻이 포함되어 있기 때문이다. 즉, 일상생활에서 사용되는 가치는 올바르고 착하고 진실하고 아름답거나 질서 있음을 의미한다.

미국의 심리학자이자 철학자인 매슬로(Abraham Maslow)는 생활 속에서 가치(Value)란 제한된 능력과 시간 속에서 우리가 무엇을 해야 하는지 삶의 방향을 제시하는 기능이라고 한다. 또한 생활방식을 결정하는 데 영향을 미치며, 그로 인해 자신의 삶을 확고하게 살아가는 소신이나 신념, 즉 자신이 생각하는 의미 있고 바람직한 것들이다. 이것은 삶을 살아가면서 겪을 수 있는 갈등 상황에서 해야 할 일과 하지 말아야 하는 선택의 순간에 판단의 기준으로 작용한다. 그래서 자신과 집단에 어떻게 기여하는가를 느끼고 결정하게 해 주는 요소가 된다.

그러므로 가치관은 사람이 어떤 상황 속 판단과 선택하는 행동에 영향을 주는 기본이 된다. 행동을 일으키는 동기와 관련되며 개인이 속한 집단과 사회문화 속에서 표출된다. 행동을 불러일으키는 요소로 선호하는 경향을 이야기하고 이 선호하는 것을 평가하는 과정에서 나타나는 것이 행동의 성향이 나타나는 태도라고 이야기한다. 즉, 가치관은 태도를 결정하는 데 영향을 미치는 특성이다. 이 점에서 보면 태도를 결정하는 데 원인으로 작용한다고 할 수 있다.

가치관의 몇 가지 특징은 다음과 같이 요약할 수 있다.

- 가치관은 자연과의 관계, 사회와의 관계, 사람과 사람과의 관계를 규정하는 데 중요한 영향을 미친다.
- 개인과 집단구성원의 공통된 성향을 나타난다. 개인이 집단의 성향에 영향을 미치기도 하고, 집단이 개인의 성향에 영향을 미치기도 한다.
- 가치관에는 정신적 가치와 물질적 가치가 있다.
- 인간은 가치 있는 삶을 원한다. 어디서 만족을 얻고 어디에 의의를 두는지 찾고자 한다.
- 인지적인 의미와 정서적인 의미를 가지고 있으면 행동을 유발한다. 인지적인 의미는 '바람직하다', '가치 있다'라는 판단에 따른 의미이고 정서적인 의미는 '아름답다'라는 정서적인 판단에 의한 의미이다.
- 가정과 사회에서 요구되는 사회의 규범을 학습하게 되어 사회의 일원으로 인정받고자 한다.

이와 같이 다양한 특성으로 인한 행동을 이해하고 준비하기 위해서는 자신의 가치를 먼저 이해하는 것이 필요하다. 더불어 이는 내가 아닌 다른 사람을 이해하는 데 유용하다. 이러한 가치의 의미는 삶의 의미와 매우 크게 관련 있다. 개인 각자가 독특성을 가지고 발견한 삶의 의미가 사회에 표출됨으로써 그 가치가 기능을 하게 되고 삶의 가치관을 어디에 두느냐에 따라 행복으로 가는 방향은 달라진다. 그렇다면 이러한 가치관은 어떻게 형성될까? 정신분석의 창시자인 프로이트(Sigmund Freud)는 6세 이전 어린 시절에 성격의 기본이 형성되며, 그 성격이 만들어지는 것에 있어 환경의 중요성을 강조한다. 가치관 형성도 유사하게 생각할 수 있다. 그 첫 번째가 부모의 영향이다. 부모의 가치판단이 아동기의 태도 형성에 절대적인 영향을 미친다. 둘째, 집단과 매체이다. 부모로부터 형성된 가치관이 변화하는 시기가 초등학교에서 중학교 시절을 의미하는데, 부모와 또래 관계에서 새로운 정보를 얻게 된다. 그리고 방송매체로 인해 잠재적 메시지가 작용하여 가치관의 변화에 영향을 미친다. 셋째, 특수집단 생활의 영향이다. 어린이집 또는 군대 등 특수집단에서 단체생활이 영향을 미친다. 이처럼 가치관 형성 과정은 아동의 인지 발달 유형에 근거한 성격 형성 과정을 중심으로 유사한 영향을 미치게 된다. 이렇게 형성된 가치관을 비행기를 날게 하는 엔진에 비유하기도 한다. 자신의 확립된 가치관은 강한 엔진을 가진 비행기와 같아서 어떤 폭풍에도 흔들림 없이 목적지에 도착할 수 있도록 하는 에너지가 된다. 그만큼 매우 중요하다.

지금까지 자신이 한 행동은 어떠한 기준으로 판단하고 선택했는가? 또한 살아가는 데 중요하게 생각하는 가치관은 무엇인가? 지금 스스로에게 물어보자. 이 가치관은 자신의 원하는 행복한 삶을 유지해 나가는 데 중요한 역할을 할 것임을 유념해야 한다.

가치관검사

◈ 가치관을 표현하는 단어이다. 자신의 삶의 가치관을 찾아보자.

통찰력	정직	행복	배려	유머	원칙	명예	현명함	사랑
인내	긍정	성실	믿음	보람	모험	경청	신중	양심
예의	배움	자유	평화	재미	의리	센스	리더십	친절
용기	책임	성장	열정	감사	겸손	봉사	끈기	기쁨
공평	이해심	결단	우정	자신감	약속	다채로움	평정	검소
건강	자기 이해	발전	가정생활	일의 의미	사회적 질서	경제적 부	관계	아름다움(미모)

1. 54개의 단어 중 내 삶에서 중요한 단어 열 가지를 선택해 보자.

2. 다시 한번 여섯 가지의 가치를 선택해 보자.

예) 믿음, 행복, 예의, 건강, 발전, 가정생활

3. 여섯 가지 가치의 우선순위를 정해 보자. 1~6번까지 선택한 가치를 적어 보자. 그리고 두 가지 중 자신에게 더 중요한 가치를
   선택해서 빈칸을 채워 보자.

   예를 들면, 세로축 2 행복과 가로축 1 믿음 중 더 중요한 가치를 골라 A칸에 쓰면 된다. 나머지 칸도 이런 방식으로 채워 보자.

1 믿음					
2 행복	**A** 믿음				
3 예의	믿음	행복			
4 건강	건강	행복	건강		
5 발전	발전	행복	발전	건강	
6 가정생활	가정생활	행복	가정생활	건강	가정생활
	1 믿음	2 행복	3 예의	4 건강	5 발전	6 가정생활

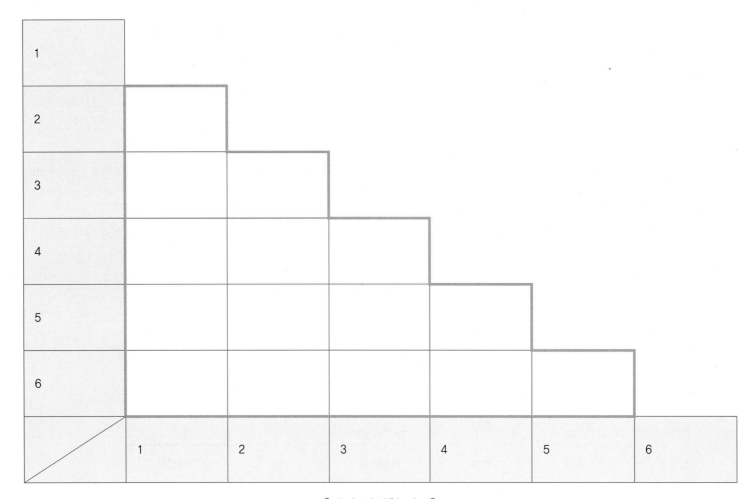

[내가 선택한 가치]

4. 중요한 가치로 선택한 15가지 중 가장 많은 수를 차지하는 가치 세 가지와 그 이유를 적어 보자.

순위(개수)	가치명	중요한 이유

내가 중요하게 생각하는 가치를 실행하고 있는 행동들은 무엇인가?

순위	가치명	중요한 이유	실행하고 있는 행동

2. 나의 가치관 탐색

가치관과 태도

자신의 가치관을 찾아본 느낌이 어떠한가. 평소 생각하고 있던 가치관과 비슷한가? 가치관에 대해 아직 확신이 서지 않는가? 가치관이 확립되지 못한 사람들은 행동적인 특성이 나타난다. 첫째, 자신의 삶의 비전과 목표에 관심과 흥미가 없다. 둘째, 자신의 삶의 선택 과정에 일관성이 없고 불안해한다. 셋째, 자신의 삶에 대해 의욕이 없고 우유부단하다. 넷째, 문제의 상황에 선택을 할 때 무엇을 어떻게 해야 할지 몰라 혼란스러워한다. 다섯째, 타인의 의견을 지나치게 추종하거나 의지한다. 자신의 삶에 있어 가치관은 자신의 행복과 자아실현과 직결되기 때문에 가치관 형성이 필요하다.

가치관은 여러 가지 상황을 판단하여 적응할 수 있도록 선택하는 중요한 요소이다. 의사결정을 내리는 데 중요한 기준이 된다는 말이다. 개인 또는 타인과의 가치관이 비슷하거나 다를 때 표현되는 태도도 비슷하거나 달라진다. 집단과 사회에서 나타나는 개인의 태도가 가치관의 표현이다. 이처럼 하나의 가치관은 선호나 비선호 등 여러 가지 태도의 방향을 정하는 데 영향을 주는 심리적인 특성을 가지고 있다.

이 점에서 주목해야 할 점은 가치관과 태도는 아주 밀접한 관계를 가지고 있다고 말할 수 있다는 것이다. 다시 말해 '사람은 평등하다'라는 의미의 가치관은 범죄자 및 인종의 차이에 따른 인권에 관한 태도, 저소득 빈곤층과 교회 활동에 대한 다양한 태도로 행동의 방향을 제시해 주는 상위 개념으로 작용한다. 사람들은 자신이 가지고 있는 가치에 대해 동기를 부여하게 되고, 그 동기에 대한 행동을 추구하게 된다. 이 행동을 충족시키기 위해 부단히 노력할 것이며 태도로 나타나게 된다. 가치관과 태도의 개념은 일곱 가지 차이점으로 나타난다(Rokeach, 1973).

가치관	태도
단일 신념이다.	사물과 상황에 따른 여러 가지 신념의 체제이다.
사물과 상황을 초월한다.	특정 사물과 상황에 집착한다.
판단의 표준이 된다.	가치관의 표준에 영향을 받기 때문에 표준이 되지 못한다.
가치관의 수는 비교적 작다.	태도의 수는 엄청나게 많다.
개인의 적응, 자아방어, 자아실현 등과 같은 기능과 관련된다.	기능과 간접적인 관계가 있다.
가치관은 태도에 비해 개인의 성격과 인지체제의 중심부에 있다.	
가치관은 태도에 비해 역동적이다.	

   자신이 가지고 있는 가치관이 어떤 태도로 나타날 수 있는지 나치수용소에서 살아남은 심리학자 빅터 에밀 프랭클(Viktor Emil Frankl) 박사의 이야기를 통해 알 수 있다. 영화에서 히틀러가 수용소에 갇혀 있는 유태인을 학살하는 장면을 보았을 것이다. 얼마나 잔인하고 무서운 곳인지 상상으로도 알 수 있다. 그 나치수용소에서 살아남을 확률은 얼마나 될까? 그의 저서 『죽음의 수용소에서』는 28명 중 한 명 정도가 살아남았다고 한다. 사망률이 급격히 높아진 시점이 있었는데, 성탄절에는 풀려날 거라는 막연한 희망을 품었다가 아무런 소식이 없자 자신이 처한 상황과 환경을 탓하고 좌절하고 용기를 잃어버려 많은 사람이 죽어 나갔다고 한다. 반면 빅터 프랭클은 좌절하거나 희망을 포기하지 않고 살아가야 하는 분명한 이유를 찾았다고 한다. 막연한 희망이 아닌 개인의 경험에 의한 희망(조금 더 나은 작업반에 배치된다거나 노래를 부른다거나 시를 쓰면서 견디는 태도)을 품었으며, 가혹한 현실을 회피

하지 않고 과감하게 직면하며 성취할 수 있는 기회가 있다는 것을 깨달았다. 우리에게 필요한 것은 삶의 의미와 가치 있는 목표, 그것을 선택한 우리의 태도에서 나타난다. 가스실에서 찬가를 부르며 존엄성을 지키며 죽음을 맞이하든지, 인생을 저주하며 가스실 앞에서 발버둥을 치든지, 태도는 자신의 선택이다. 인생의 경험에서 가치를 발견하기 때문에, 삶의 의미를 위한 가치관은 살아가기 위해 꼭 필요한 것이다. 많은 사람이 죽어나간 무시무시한 수용소에서 살아남은 사람들이 희망이라는 가치로 이를 증명하고 있다.

가치관의 변화

그렇다면 자신의 가치를 변화시킬 수 있을까? 변화시킬 수도 있다. 그러나 가치관은 성격유형과 같이 잘 변화되지 않는다. 변화에 대한 문제는 지속성이다. 얼마나 오랫동안 가치관이 유지되어 가느냐에 따라 변화 여부를 이야기할 수 있다. 개인적인 가치관이 형성되고 확립되기까지는 긴 시간이 걸린다. 그만큼 바뀌는 게 쉽지 않다. 그러나 때때로 자신의 의지에 따라 선택적으로 변화될 수 있다. 가치관은 개인이 자기 성찰과 각성에 따른 자신의 의지로 변화되고, 사회적인 문화나 환경에 의해서 변화될 수도 있다. 또한 일상생활 중 충격적인 사건의 경험으로 갑자기 달라질 수 있다. 한 예로, 가까운 지인의 죽음이나 질병, 재난 등이 있다.

자신의 삶을 살아가면서 의미 있는 그리고 행복한 삶으로 살아가는 긍정적인 에너지. 그것이 바로 자신만의 가치관이다. 자신의 가치를 선택하기 바란다. 이것은 자신에게 중요한 것이 무엇인지를 인식하고 행동하는 극히 개인적인 선택이다.

지금까지 알아본 자신의 가치관을 다시 한번 살펴보고, 자신이 생각하는 가장 높은 가치를 목표로 정하고 생활하라. 그러면 당신은 삶의 매 순간이 가지는 의미를 발견하고 행복함을 느끼며 살아갈 수 있을 것이다.

자, 그럼 당신이 생각하는 최고의 가치는 무엇인가?

인류 최후의 생존자

◈ 다음 표에서 내가 살아남게 해 줄 여섯 명은 누구인가?

◈ 집단으로 토의하고 협의하여 최종 여섯 명을 선정하고 우선순위를 정해 보자.

우리 집단에서 가장 중요시 여겼던 가치는 무엇인가?	
이 활동을 통해 자신이 중요하게 생각하는 가치는 무엇인가?	
활동 중 기억에 남았던 사람의 이야기는 무엇이고 그 이유는 무엇인가?	

전쟁에 많이 나간 군인	4대 종갓집 맏며느리	은퇴한 고령의 인문학자	바람둥이 전기공학기술자
막 초등학생이 된 어린이	계룡산에서 막 신내림을 받은 무속인	대인관계 전문 상담사	인공두뇌와 뇌질환만을 연구하는 뇌공학자
장애를 딛고 일어선 수영 국가대표	전과 7범이자 나를 치료해 준 내과의사	30대 전직 아이돌 가수	미모의 20대 뉴에이지 피아니스트
세계적인 인기 여배우	보건복지부 장관 출신의 소설가	독보적인 기술을 보유하고 있는 고령의 한식 전문가	양성애자 건축가
인기 예능 PD	한글 옷을 세계적으로 알린 의상디자이너	요리사가 된 전직 안하무인 코미디언	하이브리드 옥수수를 개발하고 아시아 기근을 해결하는 데 도움을 준 80대 박사
국민 호감 남배우	국제구호활동가이자 긴급구호팀 팀장	다수 히말라야 산맥에 오른 아시아 최초 산악인	보도국 사회부 기자였으며 가장 영향력 있는 언론인
사회 부조리함을 파헤쳐 진실을 고발하는 사회부 기자	대학의 오리엔테이션 강사이자 축제 진행자	수술을 처음 해 보는 의대생	한국 최초 가톨릭 고령의 성직자
레고회사 생산개발자	전기공학과를 나온 나사(NASA) 일반직 사무원	전직 농부였던 개인 요가 강사	무인도에서 5년 동안 살다가 막 구조된 탈옥범

3ON action plan

구분	내용
ON Self-Reflection 자아성찰	※ [과거] 이 활동을 하기 전까지의 나는?
ON Realistic Goal 현실목표	※ [현재] 지금의 나는?
ON New Movement 대안실행	※ [미래] 나의 미래를 위해 지금부터 새롭게 실천해야 하는 것은?
지금 나의 점수는?	① ② ③ ④ ⑤ ⑥ ⑦ ⑧ ⑨ ⑩ 점

어떤 이가 열등감 때문에 우물쭈물하고 있는 동안,
다른 이는 실수를 저지르며 점점 우등한 사람이 되어 간다.

– 헨리 링크 –

활동지
1

10배 똑똑한 나

◈ 인생을 살아가는 데 어려울수록 당신에게 더욱더 필요한 질문이다.

---

1. 지금 나의 모든 능력(돈, 지식, 건강 등)이 100배 정도 강해진다면 당신은 무엇을 하겠는가?
   (6개월 동안의 계획을 세워 보자. 가지고 싶은 것, 되고 싶은 것, 하고 싶은 것 순서대로 열거하라.)

예)

• 갖기 : 물질적인 욕구만이 아닌 자동차, 옷 구매하기, 하루 40시간, 인적 자원, 매력, 말하는 스킬 등

• 되기 : 방송 셰프 되기, 원어민 영어 구사하기, 스쿠버다이버 되기, 부동산 전문가 되기 등

• 하기 : 유럽여행 하기, 자동차경주 하기, 경비행기 타기, 프랜차이즈 운영하기 등

2. 평범한 일상생활에서 나는 무엇을 하고 싶은가?
    – 오늘 저녁에 집에 가는 동안 내가 꼭 하고 싶은 한 가지는?
    – 내일 아침에 일어났을 때 가장 흥분되도록 신나는 일은 무엇이 있을까?
    – 항상 배우고 싶었거나 죽기 전에 하고 싶은 한 가지는?

3. 되고 싶은 것을 하는 데 어떤 '하기'가 필요한가?
    '되기'의 특징을 행동으로 나타낼 수 있거나 이미 이루었음을 뜻하는 것을 찾아라.

예)

• 멋진 인테리어 디자이너 '되기' → 혼자서 거실에 크리스마스 소품 연출 '하기'

• 방송 셰프 '되기' → 친구들을 초대해 파자마 파티 요리 준비 '하기'

1. 태도란

태도란 무엇인가?

우리의 행동은 욕구라는 단어와 함께 시작한다. 욕구에 대한 반응으로 행동을 어떻게 표현하느냐가 성격으로 나타나며 욕구에 대한 성격의 표현은 일순간 찰나 그 사람의 태도에서 표출된다. 일상생활에서 발생하는 문제들은 비일비재하고, 하루에도 몇 번씩 일어나는 문제를 해결하기 위해 고민에 고민을 더하며 방법을 찾아내기 위해 그것을 문제로 인식하고 다양한 감정을 선택하여 행동하게 된다. 즉, 현재 내가 원하는 상황이 있지만 그 상황이 원하는 대로 흘러가지 않을 때 그 상황을 문제로 인식하게 되고 개인의 행동 특성이 나타난다.

예를 들어, 시간이 많을 경우 차가 좀 밀린다고 해서 크게 문제가 되지 않지만, 원서 마감 시간이 5분 남았지만 차가 밀린다고 가정했을 경우는 교통체증이 나에게 아주 큰 문제로 인식되어 클랙슨을 누르며 안절부절못하는 행위로 나타날 것이다. 또한 많은 부를 가지고 있다 하더라도 매일 행복해하지 않고 감사할 줄도 모르며 늘 불만이 가득한 채 하루하루를 보내는 사람도 있고 이유도 없이 늘 즐겁고 행복하고 감사한 생활을 하고 있는 사람이 있다. 어떤 차이가 이렇게 행동하게 하는 것일까? 그 이유는 바로 태도에 기인한다.

태도란 겉으로 드러난 행동이라기보다 그것이 원인이 되는 감정과 생각이라고 이야기할 수 있다. 속마음이라고도 하며 '언어의 씨앗'이라고 표현한다. 또한 "자신과 타인을 용납하는 태도의 표현"이라고 정의하기도 하고 심리학자 다릴 벰(Daryl Bem)은 "대상에 대한 긍정적이거나 부정적인 평가"라고 정의하기도 한다.

태도가 중요하다

　태도의 형성 과정은 경험에서 시작된다. 우리가 잘 알고 있는 수양대군과 단종을 생각해 보라. 우리는 수양대군을 반란을 일으켜 형제를 죽이고 조카를 무인도나 다름없는 섬으로 귀양을 보낸 인물로, 역사의 두려운 사람으로 기억하고 있다. 반면 단종은 삼촌에게 배척받은 불쌍한 조카로 기억하고 그때의 그가 힘들었음을 위로하는 문화제들이 영월에 잘 보존되고 있다. 그러나 단종은 우리를 위한 업적을 남긴 사실이 없다. 그에 반해 세조(수양대군)는 민중을 위한 역사적인 업적을 많이 남긴 위인이다. 그런데도 왜 우리는 어린 단종을 안쓰러운 왕이라 기억하고 세조는 폭군이라고만 생각할까? 임금에 오른 세조는 많은 업적을 남겼고 자신이 원하는 바를 이루었기 때문에 개인적으로 성공했다고 생각할 것이다. 그러나 민중을 위한 그의 노력과 능력이 아무리 뛰어나더라도 조카를 단죄하고 임금의 자리에 오르는 잘못된 방법적인 태도로 발생된 옳지 못한 성공이라면 평생 그리고 후세까지도 피도 눈물도 없는 폭군으로 기억되는 것이다. 바로 그의 태도 때문이다.

　어느 날 자기가 가지고 있는 가족, 친구, 재산, 직업을 동시에 잃어버렸다고 생각해 보라. 두려움과 슬픔과 허탈함의 매우 다양한 감정이 생길 것이다. 다시 그 모든 것이 제자리로 돌아왔다고 생각하면 결과적으로 달라진 것은 없지만 가족, 친구, 재산, 직업들은 나에게 새로운 가치를 가지게 해 주며 태도도 달라지게 된다. 태도는 행복에도 큰 영향을 미칠 수 있다는 것이다.

　이러한 태도는 세 가지 특징이 있다.

학습이다. 후천적으로 습득되는 것이다

기질적으로 타고나는 것이 아닌 학습으로 인한 경험 또는 모방에 의해 만들어진다. 흔히 칭찬해 주는 사람에게 긍정적인 감정을 지니며 좋아하고, 다른 사람도 칭찬할 수 있다.

가치관과의 일관성이다

사람들은 어떤 대상이나 상황에 대해서 가지고 있는 가치관에 대한 일관성을 추구한다. 예를 들어, 다이어트를 하는 사람이 맛있게 먹으면 0칼로리라고 합리화하는 경우이다.

가치와 기대가 비례한다

행동을 결정하는 마음의 방아쇠라는 말이다. 사람들은 어떤 상황에서 최대의 목적을 취할 수 있도록 동기를 만들어 내 태도를 취하게 한다. 다이어트를 성공하기 위해 사람들에게 한 달간 연락하지 말아 달라고 하는 경우이다.

이처럼 태도는 환경의 영향을 받아 방향성이 달라진다. 자신의 행동을 바꾸거나 긍정적 또는 부정적인 인지적 자극을 지속적으로 학습할 때 변화가 가능하다. 같은 태도의 반복적인 행동이 습관으로 형성된다. 어떤 대상에 대한 긍정적 또는 부정적 반응으로 나타나는 습관 말이다. 습관은 우리의 행복 및 성공의 성패를 가른다. 그래서 습관화된 태도의 결과들이 우리 인생이라고 이야기할 수 있다.

나쁜 습관을 버려라. 매사 귀찮고, 한꺼번에 일을 하려고 미루어 버리고, 잘 못한다는 이유로 포기하고 후회한다면 결과는 뻔하다. 아침마다 거울을 보듯이 자신의 태도를 점검해 보자. 그리고 태도를 바꾸고 싶다면 자신의 습관적 행동이 무엇인지 인지하고 그 행동부터 고쳐 보자. 바꿀 수 있는 것이 태도이고, 어떤 태도를 선택하는가는 오직 자신에게 달려 있다. 우리는 일상적인 상황이나 대상이 마음에 들거나 차지 않아 못마땅하게 여길 때, 부정적인 말과 행동으로 드러나게 된다. 이런 불평하는 태도가 반복되면 습관이 되어 버린다. 나쁜 습관은 자신의 사고와 감정에까지 영향을 미친다.

그러나 의식적인 노력은 우리의 사고와 감정에까지 영향을 미쳐 부정적인 감정을 막을 수 있다. 그러므로 자신이 불평을 한다고 생각하는 순간 바로 자각하고 행동할 수 있는 방법을 찾아보자.

2. 나의 태도 점검

태도를 어떻게 바꿀 것인가?

전직 목사이자 작가인 윌 보웬(Will Bowen) 박사의 '21불평제로실험'과 같은 프로그램을 제안한다. 팔찌를 한쪽 손목에 착용하고 불평을 할 때마다 반대쪽 손목에 옮겨 착용하라. 목표는 21일간이다. 팔찌를 옮길 때마다 다시 0으로 세팅하여 21일을 시작한다. 21일이 어렵다면 일주일부터 시작해 보는 노력이 필요하다.

불평 태도 버리기

◈ 자주 사용하는 불평이나 후회의 말을 생각해 보고 긍정적인 말로 전환하도록 노력해 보자.

　그리고 21일 동안 실천해 보자. 21일이 어렵다면 일주일부터 시작해도 무방하다.

내가 자주 쓰는 불평의 말과 행동, 습관들	
긍정의 말, 행동, 습관으로 전환	

인생 태도 검사

◆ 자신이 동의한 정도에 해당하는 숫자를 아래 흰 빈칸에 적어 보자.

※ 거의 그렇지 않다(1점), 가끔 그렇다(2점), 보통이다(3점), 자주 그렇다(4점), 매우 그렇다(5점)

번호	질문	점수			
1	나는 나 자신을 좋아한다.				
2	나는 타인으로부터 호감을 얻지 못하는 인간이다.				
3	나는 태어나서부터 소중하게 길러졌다고 생각한다.				
4	나의 탄생은 그다지 환영받지 못했다고 생각한다.				
5	나는 근본적으로 인간을 신용하지 않고 스스로 한다.				
6	나는 지금 생활에서 필요로 되는 유익한 인간이라고 생각한다.				
7	나는 나 자신을 쓸모없는 인간이라고 생각하는 경우가 있다.				
8	다른 사람의 행동방식이나 사고방식이 나와 달리하고 있을지라도 특히 싫지 않는 기분이다.				
9	상대를 존중하는 것은 그 기분을 이해하는 것이라고 생각하기 때문에 힘써 실행하고 있다.				
10	다른 사람으로부터 신뢰받는 사람이라고 생각하고 있다.				
11	나는 적극적으로 행동을 취하는 편이다.				
12	나는 소극적인 성격이므로 실패가 두려워서 매사에 손을 대지 않으려고 한다.				

번호	질문	점수			
13	때때로 상대를 매도하거나 꼼짝 못하게 한다.				
14	나는 자신이 한 언행에 대해 곧잘 후회한다.				
15	상대가 기대한 대로 해 주지 않으면 매우 화가 난다.				
16	다른 사람의 장점보다 단점을 지적하는 편이다.				
17	나는 기본적으로 다른 사람을 믿는다.				
18	아이들을 포함해서 누구에게도 자신의 견해를 가질 권리가 있다고 생각한다.				
19	자신이 결단하여 행동하는 것이 잘되지 않는다.				
20	자신의 용모에 자신이 없다.				
21	자신의 얼굴이나 모습에 매력이 있다고 생각한다.				
22	매사에 자신이 없기 때문에 대체로 다른 사람들이 하는 대로 따라간다.				
23	다른 사람을 돕는 일은 나쁜 버릇을 키우므로 하지 않는다.				
24	자신의 능력 중 어느 면에 자신을 갖고 있다.				
25	사람들이 자기 주장을 하거나 경제적으로 풍요로워지는 것은 좋은 것이라고 생각한다.				
26	생각이나 행동방식을 자신과 달리하고 있는 사람은 가능한 한 무리에서 배제해 버리고 싶다.				
27	나는 대부분의 사람들과의 관계를 훌륭하게 해 가고 있다.				
28	다른 사람의 일이 순조롭게 되고 있을 때 좋은 일이라고 기뻐해 준다.				
29	다른 사람들 앞에서 이야기할 때 그다지 불안하거나 긴장되지 않고 자연스럽게 말한다.				
30	친구나 동료와 함께 있는 것을 좋아하지 않으며 고독을 즐긴다.				
31	싫어하는 사람일지라도 함께 일을 잘 해낼 수 있다.				

번호	질문	점수			
32	후배나 부하가 나를 따르는 것은 당연한 것이라고 생각한다.		▨	▨	▨
33	사람들은 누구나 자신이 의사결정을 할 권리가 있다고 생각한다.	▨		▨	▨
34	동료가 실패해도 언제까지나 책망하지 않고 격려한다.	▨		▨	▨
35	나 자신을 그다지 존경할 수가 없다.	▨	▨	▨	
36	동료에 비해 나는 타인에 대한 평가는 엄격하다.		▨	▨	▨
37	나는 그다지 다른 사람을 칭찬하지 않는 편이다.		▨	▨	▨
38	나는 대개 다른 사람의 마음을 알 수 있다.	▨	▨		▨
39	나는 다른 사람을 이용하여 자신의 입장이나 일을 잘하려고 하는 경향이 있다.		▨	▨	▨
40	나는 잘못을 하거나 실망을 하는 경우에도 발전적으로 생각할 수 있다.	▨	▨		▨
합계		①	②	③	④

출처: 한국교류분석협회(1994). 교류분석(TA) 체크리스트. 서울: 정암미디어.

◈ 번호별 세로 흰 칸의 점수를 적고 합산해 보자.

①	+ + + + + + + + + + = 점	타인부정(You're not OK)
②	+ + + + + + + + + + = 점	타인긍정(You're OK)
③	+ + + + + + + + + + = 점	자기긍정(I'm OK)
④	+ + + + + + + + + + = 점	자기부정(I'm not OK)

◈ **인생 태도 그래프이다. 채점표의 점수를 그래프에 표시해 보자.**

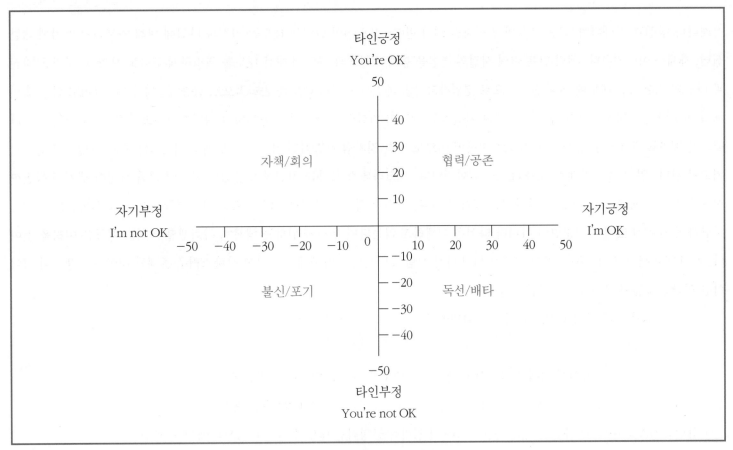

출처: 김희정(2016). 일 가치관과 여가태도가 은퇴준비행동에 미치는 영향. 이화여자대학교 석사학위논문.

검사 결과 해석

캐나다 정신과 의사이며, 교류 분석의 창시자인 에릭 번(Eric Berne)이 말하는 태도는 자신과 타인에 대해 기본적인 가치에 대한 신념, 자세를 이야기한다. 에릭 번은 어린 시절의 경험을 통해서 자신과 타인에 대한 태도를 결정하게 된다고 보았다. 사람은 자신과 타인의 기본적인 태도에 대해 반복적으로 경험하고 검토하면서 자신의 태도를 논리적으로 입증하고자 한다. 그리고 타인에 의해서 이루어지는 비자발적인 태도가 아니라 자발적인 태도의 변화라고 생각하며 유지하고 정당화시키고자 한다. 철학자 소크라테스가 제자들에게 질문을 던지고 스스로 결론에 이르도록 한 것처럼 자발적인 자신의 태도에 대해 논리적으로 설명하고 변화시키고자 한다. 일명 '소크라테스 효과'라고도 이야기한다. 소크라테스 효과는 첫인상이 좋았던 사람에 대해 감정이 생기면 특별한 이유 없이 그 사람이 지속적으로 좋아지는 것을 말한다. 이렇게 형성된 태도는 대표적으로 사회생활에서 인간관계로 드러난다. 사람과의 관계에 있어 자신뿐만이 아니라 타인을 이해하지 않는다면 우리가 원하는 행복한 사회생활 그리고 성공은 어려울 것이다. 자신을 이해하고 사랑하는 것이 전제가 되고 다른 사람도 다른 누군가에게 소중하고 사랑스러운 존재일 것이라는 생각이 있어야만 인간관계를 유지하고 발전시킬 수 있다.

인생 태도 검사는 네 가지 관점으로 나누어 설명한다.

- 자기긍정(I'm OK) : 자신에 대해 바람직하고 긍정적인 태도를 가지고 있느냐에 대한 관점
- 자기부정(I'm not OK) : 자신에 대해 얼마나 부정적인 태도를 가지고 있느냐에 대한 관점
- 타인긍정(You're OK) : 자신이 다른 사람에 대해서 얼마나 긍정적인 태도를 가지고 있느냐에 대한 관점
- 타인부정(You're not OK) : 자신이 다른 사람에 대해서 얼마나 부정적인 태도를 가지고 있느냐에 대한 관점

자신의 그래프를 살펴보자. 나의 생활 태도는 어디에 위치하는가?

자기긍정(I'm OK) & 타인긍정(You're OK) 협력이 공존하는 공간	• 자신과 다른 사람에 대해서 모두 긍정적인 태도를 가진 사람으로 존중과 사랑을 아는 사람이다. • 부모와 타인으로부터 긍정적인 피드백으로 강화되어 바람직한 인생 태도를 가진 이상적인 사람이다. • 개방, 긍정, 유머, 융통성, 협력, 공존, 존중, 감사의 태도를 보인다.
자기부정(I'm not OK) & 타인긍정(You're OK) 자책과 회의의 공간	• 자신에 대해 부정적이지만 타인에 대해서는 긍정적인 태도를 가지는 사람으로, 타인만을 인정하는 사람이다. • 어떤 일이 잘못되었을 때 자신을 탓하며 자책하는 경향이 있는 일반적으로 패배형 사람이다. • 열등감, 걱정, 양보, 희생, 자책, 좌절감, 의존, 우울의 태도를 보인다.
자기긍정(I'm OK) & 타인부정(You're not OK) 독선과 배타의 공간	• 자신에 대해 긍정적이지만 타인에 대해 부정적인 사람으로, 자신만 사랑하고 타인은 부정하는 사람이다. • 어떤 일이 잘못되면 타인의 탓으로 돌리는 경향이 있으며 외모나 능력이 뛰어나고 야심적인 사람이다. • 독선, 배타, 과대평가, 경멸, 분노 지배의 태도를 보인다.
자기부정(I'm not OK) & 타인부정(You're not OK) 불신과 포기의 공간	• 자신과 다른 사람 모두에게 부정적이고 비판적이며 자신과 타인 모두 인정하지 않고 사랑하지 않는 사람이다. • 의욕이 없고 비관적이며 불평이 많다. 일이 생기면 뒤로 빠지고 나서려는 사람도 마음에 들어 하지 않는다. • 원망, 미움, 자포자기, 자폐, 비판적인 태도를 보인다.

우리가 결과를 가지고 어떻게 생각하느냐는 마음먹기에 달려 있다. 각자가 경험하는 것이 다르고 느끼는 바가 다르며 해석하는 방법이 다르다. 그러므로 어떻게 인식하느냐에 따라 더 나빠질 수도, 더 이상 나빠지지 않을 수도, 바닥을 치고 좋아질 수도 있다는 말이다. 생각을 바꾸고 태도를 만들면 완전히 다른 인생이 눈앞에 펼쳐질 것이다.

나의 태도와 가까운 두 가지 유형은 무엇인가? 자신의 태도 유형을 알아본 소감은 어떠한가?	

3. 나의 새로운 태도

인생 태도의 개선 방법

- 자기긍정을 높이고 자기부정을 낮추는 첫 번째 방법은 자신에 대해 알기이다. 자신을 인정하고 사랑하고 믿고 칭찬하고 격려하는 방법을 실천해 보자.

- 타인긍정을 높이고 타인부정을 낮추는 두 번째 방법은 다른 사람을 관찰하기이다. 다른 사람을 인정하고 좋아하고 믿고 감사하고 봉사하는 방법을 실천해 보자.

- 자신의 패턴을 찾아보자. 천재는 하루 종일 공부만 하더라. 주로 밤에 일을 하더라. 주로 새벽에 일을 하더라. 이들 중 어떤 행동 습관이 맞는 것이라고 생각하는가? 정답은 없다. 그러나 우리는 사람들이 하루를 어떻게 보냈는지는 알 수 있다. 그들은 일정한 패턴이 존재한다. 일이 잘 되는 시간, 집중하는 시간을 알고 있었던 것이다. 그리고 그 시간에 늘 일을 했다는 것이 그들만의 습관이고 행동이다. 우리는 지키지도 못할 계획을 늘 세우고 있다. 많은 일거리를 생각하고 준비해 놓는다. 이 많은 일거리를 해결하기 위해 24시간 두뇌를 풀가동하기는 힘들다. 우리는 일이 잘 되는 시간에 몰아서 일을 할 생각을 하지 못한다. 그러므로 집중할 수 있는 시간을 확인하고 패턴을 만들어 보자.

자기긍정과 타인긍정으로
발전하기 위해서 나는
무엇을 해야 하는가?

인생 태도의 활력과 열정, 힘을 내기

자신의 태도를 확인하는 또 하나의 방법은 구체적으로 행동의 패턴을 살펴보는 것이다. 행동의 패턴은 일관성 높게 나타나며 상황에 의해 영향을 받는다. 상황의 강제적인 형태가 높을수록 행동과 태도는 불일치하고, 강제적인 형태가 낮을수록 일치한다. 행동과 태도가 일관성 있게 표현되는 데 영향을 주는 요인 중 하나가 자기 인식이다.

철학 박사 조셉 바맥(Joseph E. Barmack)이 학생들을 대상으로 한 실험을 살펴보면, 격렬하게 땀 흘리는 육체 활동보다 감정의 태도가 더 큰 피로감을 느낀다고 한다. 재미없는 신진대사 프로그램에 참가한 학생들은 피로와 졸음을 느끼며, 두통, 눈의 피로를 동반하고 짜증을 냈다. 실제 신진대사 검사 결과 혈압과 산소의 소비가 감소했다. 반면 프로그램에 흥미와 만족을 느끼기 시작함과 동시에 몸 전체의 신진대사가 원활하게 형성되었다. 결과적으로 모든 사람은 흥미와 재미, 그리고 신나는 일을 할 때 피곤함을 잘 느끼지 못한다는 말이다. 잔소리로 중무장한 아내와 열 걸음을 걷는 것이 애인과 10킬로미터를 걷는 것보다 피곤한 일일 수도 있다.

그렇다면 이제 어떻게 해야 할까? 자신이 할 수 있는 어떤 일이 있다고 생각하는가. 지루하거나 재미없거나 하기 싫은 일을 스스로 심리적인 자극을 주고 흥미롭게 만들어 보기 위해 최선을 다해 노력해야 한다. 뇌 과학에서 말하기를 우리 뇌는 재미있다고 생각하는 일은 정말 재미있는 것처럼 인지하고 마치 재미있는 일인 것처럼 행동하면 그 일을 재미있는 일처럼 느끼게 된다고 한다. 더불어 그 일을 하는 동안 피로도 줄어든다.

이와 같이 이 순간부터 날마다 활력과 열정으로 스스로를 충전해 보자. 우리가 지금껏 매우 많이 들었던 이야기이다. 그렇다고 무시할 수 있는 말은 더더욱 아니다. 1800년 전에 마르쿠스 아우렐리우스(Marcus Aurelius)가 "우리의 인생은 우리가 생각하는 대로 만들어진다."라고 말했지만, 1800년 전이나 지금이나 이 말은 똑같이 사용되고 있다. 우리 인생은 우리가 생각하는 대로 만들어진다. 선택은 자신에게 달려 있다. 아침에 일어나 자신에게 오늘의 힘찬 응원을 보내 보라. 달라지든 달라지지 않든 1년 뒤, 5년 뒤 자신이 제일 먼저 알 것이다. 환호를 지르고 있는가? 아니면 피곤에 찌들어 있는가?

My Power Talk

◆ 자신을 위해서 어떤 응원을 하고 있는가? 아침에 눈을 떴을 때, 하루 일과를 잘 마무리하고 피곤한 몸을 침대에 누일 때 자신에게 어떤 힘찬 메시지를 보내는가? 우스갯소리처럼 이야기하는 '오늘도 슈퍼파워~~!'는 스스로 외치는 주문이 될 것이다.

'○○야, 오늘도 수고했고 고생했고 사랑해 쪽쪽'처럼 잠들기 전 하루를 애쓰면서 보낸 자신을 쓰다듬거나 어깨 **뽀뽀**를 통한 위로, 자신을 스스로 다독이고 응원하는 파워톡을 만들고 하루에 5번 이상 외쳐 보자.

하루를 보내는 나에게 필요한 에너지는 무엇이라고 생각하는가?	
그 에너지를 채우기 위한 행동이나 말은 어떤 것이 있겠는가?	
나에게 힘을 주는 한 단어 또는 한 문장의 간결한 주문을 만들어 보자.	

3ON action plan

구분	내용
ON Self-Reflection 자아성찰	※ **[과거]** 이 활동을 하기 전까지의 나는?
ON Realistic Goal 현실목표	※ **[현재]** 지금의 나는?
ON New Movement 대안실행	※ **[미래]** 나의 미래를 위해 지금부터 새롭게 실천해야 하는 것은?
지금 나의 점수는?	① ② ③ ④ ⑤ ⑥ ⑦ ⑧ ⑨ ⑩ 점

Chapter

6

나의 시간

미래는 오지 않은 것이 아니라 이미 와 있다.

− 앨빈 토플러 −

나의 인생에 남은 날은?

◈ **산수를 해 보자.**

1. 자신의 나이에 365를 곱하라(그러면 날수로 자신의 나이를 알 수 있다).

2. 30,660에서 그 숫자를 빼라(이 숫자는 평균수명 84세로 환산했다).

      앞으로 나에게는 _____일이 남았다.

365

× 자신의 나이(   )

= _____

30,660

− 날 수로 보는 자신의 나이(   )

= _____

◈ **도표에 자신의 나이로 위치를 표시해 보자.**

    그리고 부모님 또는 형제자매 시간은 어디쯤 있는지 확인해 보자.

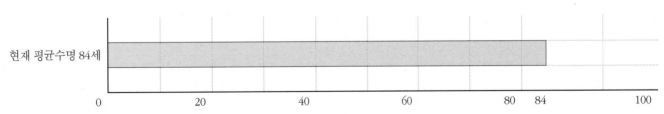

출처: 통계청, [생명표] 2023(남자 79.9세, 여자 85.6세).

◈ 하루 24시간을 내 인생이라고 생각했을 때 나는 지금 몇 시쯤일까?

　내가 사랑하는 사람의 나이도 함께 그려 보자(84세를 기준으로 그려 보자).

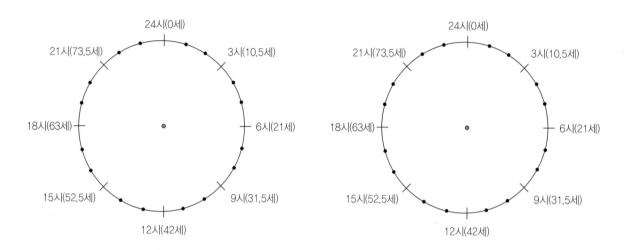

◈ 나의 목표 수명을 생각하고 적어 보자. 목표 수명까지 살아야 하는 이유는 무엇인가?

1. 시간이란

당신의 시간은 어떻게 사용되는가? 시간은 찰나이다

사람이 태어나서 죽을 때까지의 시간은 얼마나 될까? 당신에게는 얼마의 시간이 있는가? 당신이 지금 25세라고 가정했을 때 이미 당신의 25년은 지나간 것이다. 25년의 시간은 끝났다는 말이다. 당신의 시간은 지금 이 순간부터 죽음의 순간까지가 당신에게 남아 있는 시간이 될 것이다. 남아 있는 시간에 대해 시간관리를 하라는 말은 중요하긴 하지만 자신의 인생과는 크게 관계가 없는 것처럼 느끼는 사람이 많을 것이다. 아주 큰 착각이다. 많은 사람이 죽음을 맞이하면서 지나온 시간을 후회하고 아쉬워하는 걸 보면 시간이란 잡을 수도 없고 멈추는 것도 불가능한 아주 중요한 존재이다. 살아 있는 우리에게는 이 흘러가는 시간은 무엇인가 할 수 있는 시간이 된다. 살아 있는 동안 움직이는 것, 일하는 것, 행동을 관리하는 것이 시간관리인 것이다.

대부분의 사람은 '시간이 없어서', '너무 바빠서', '언제가는 할 거다'는 말을 많이 한다. 자신의 시간을 뜻대로 활용하고 있지 못하고, 타인에 의해 시간을 통제받고 있는 경우가 많기 때문이다.

세계적으로 유명한 많은 사람이 시간관리가 중요함을 이야기한다. '성공하는 사람들의 시계는 거꾸로 간다.'라는 말을 들어 본 적이 있는가? 현재에 머물러 미래를 바라보는 것이 아니라 미래에서 현재로 오면서 산다는 말이다. 이 말은 하고자 하는 것을 성취해내는 사람들은 먼 미래의 자신의 모습을 먼저 그린 다음 이루어 낼 수 있는 하나하나의 요소들을 실행에 옮긴다는 뜻을 가지고 있다. 요즘 유행하는 말로 큰 그림을 그리는 전문가들이고, 빅 피처를 그리고 난 이후 이를 이루기 위해 해야 할 항목들을 나열한다. 예를 들면, 50억 빌딩의 건물주가 되고 싶다면 언제쯤 그 건물을 살 것인가를 계획해야 한다. 그러기 위해서는 지금부터 돈을 모으기 위한 준비를 철저히 해야 한다.

시간관리가 중요하다고 생각하는 많은 사람은 시간 절약과 일을 빨리 끝내고자 하는 효율성을 먼저 떠올린다. 어떻게 하면 시간을 절약할지 오랫동안 고민하는 사람 가운데 실제로 아무 일도 하지 못하면서 절약과 효율성에 집착하며 강박에 시달리는 사람이 많다. 해야 할 일은 많은데 시간이 부족하면 자연히 마음이 바빠지고, 먼저 해야 할 것이 무엇인지 뭐가 더 중요한지 이리저리 생각하다가 머릿속은 엉망이 되고 집중력은 크게 떨어진다. 일하다가 전화를 받고, 전화를 끊을 때면 휴대전화에 뜬 카카오톡을 확인하면서 대화를 하게 되고 다시 인터넷 사이트나 관련 사이트를 클릭하고 어느 순간 쇼핑을 하고 있는 자신을 발견할 것이다. 여러 가지 일을 동시에 하고 있는 형국이다. 우리 두뇌는 동시에 일을 수행하도록 프로그램화되어 있지 않다는 사실을 알아야 한다. 뇌의 기억 장치는 다시 이전의 내용을 찾아서 가져오는 데 시간을 쓰게 된다. 뇌 연구에 따르면 어떤 일을 시작하고 집중 단계에 접어들 때까지 적어도 10분의 시간이 경과해야 한다.

집중력을 방해하는 대표적인 원인으로 우선순위가 없는 불분명한 목표를 꼽는다. 집중하는 힘을 키우기 위해서는 왜 목표를 세우고 계획을 세우는지 알아야 한다. 이때 목표를 잘 분별하지 않으면 삶은 늘 정신없이 바쁘기만 하고 실속도 없으면서 허무한 일상으로 가득 채워진다. 자신이 진정으로 원하는 것은 무엇일까? 답을 찾아보고 그 답을 찾는다면 이제부터 그 시간을 아낌없이 쓰는 일만 남은 것이다. 최선을 다해 집중하고 몰입하는 일 말이다.

2. 나의 시간관리

시간경영

새로운 하루가 시작되는 것은 우리 모두에게 똑같이 주어진다. 다만, 흘러가는 시간 속에서 각자의 삶의 목표에 맞게 생활 패턴을 조율하고 컨트롤하는 것이 사람마다 다를 뿐이다. 시간관리는 곧 자기관리라고 말할 수 있다. 모든 사람에게 주어지는 시간은 24시간 똑같다. 무엇을 하고 얼마만큼 사용할 것인지에 따라 삶의 질이 완전 달라지기 때문에 효과적으로 경영할 필요가 있다. 그래서 시간관리라는 말보다는 시간경영이라 부르는 게 맞다. 경영이란 효과적이고 효율적인 방법으로 가치를 키우는 것이다. 시간을 어떻게 사용하느냐에 따라 시간의 가치는 얼마든지 달라질 수 있다. 예를 들면, 1리터의 물을 두 사람이 싸우지 않고 공평하게 나누어 마시는 방법을 찾을 때 도구를 활용하여 2개로 똑같이 나눈다면 이것은 관리라고 이야기한다. 그러나 한 사람이 나누고 나머지 한 사람이 골라 마시도록 한다면 이는 경영이다.

어제보다 더 나은 오늘을 위해, 빅 피처로 그려놓은 자신의 목표에 맞는 오늘을 실행하기 위해 자신의 시간을 잘 경영해야 한다. 시간경영을 잘하기 위해서는 가장 먼저 자신의 비전과 목표를 세우는 작업을 먼저 해야 한다. 그리고 그 비전과 목표를 실천할 수 있도록 우선순위에 따른 시간경영을 생활화하는 것이다. 시간경영은 빅 피처를 이루어 낸 나를 위한 시간과 노력의 투자이다. 현재 부족한 것을 다음 단계에서 개선해 나가도록 끊임없이 시간을 투자하는 것 말이다.

지금 자신의 외모, 말투, 습관, 가치관 등의 모습은 언제 만들어졌다고 생각하는가? 지금까지의 지나온 시간들, 과거에 생각하고 행동했던 삶의 모든 행적이 모여 지금 자신의 현재 모습을 이룬 것이다. 그렇다면 미래는 언제 만들어진다고 생각하는가? 미국의 저술가이자 미래학자인 앨빈 토플러(Alvin Toffler)는 "미래는 오지 않은 것이 아니라 이미 와 있다."라고 말했다. 미래는 이미 시작된 시간이다. 먼저 아주 가까운 미래라고 할 수 있는 오늘 하루를 생각해 보자. 오늘 저녁의 일정이 정해져 있다면 그 일정을 소화하기 위해 준비하고 있겠지만 미리 정해 놓은 일정이 없다면 그 시간에 무엇을 할지는 그때 가 봐야 안다. 자신이 원하는 미래의 모습이 있을 것이다. 그 모습으로 살아가고자 한다면 지금 준비해서 만들기 시작해야 한다. 마라톤 완주(42.295km)를 꿈꾼다면 매일 10킬로씩 꾸준히 달리는 연습을 해야 한다. 매일 연습하는 것이 쉽지만은 않다. 그러나 사람은 기계가 아니기 때문에 단단히 마음먹는다고 해서 연습 없이 마라톤을 완주할 수는 없다. 완주할 수 있는 준비는 지금 달리는 연습을 하는 것뿐이다. 즉, 미래를 바꿀 수 있는 유일한 시간은 현재이기 때문이다. 과거는 바꿀 수 없고, 미래는 끊임없이 변화한다. 미래는 지금도 계속해서 정해져 있지 않음을 수많은 꿈과 사건들 그리고 사람들을 통해 보여 주고 있다. 우리는 시간이 없다고 이야기하지만 시간을 제대로 활용하고 있지 않은 것일 뿐이다. 지금까지 주어진 시간대로 생활하는 것에 익숙해 있기 때문에 시간을 경영하는 데 서툴고 어려움이 있을 수밖에 없다.

하루 24시간의 재구성

하루의 시간을 재구성해 본 적이 있는가?
하루 24시간을 크게 수면 시간과 활동 시간으로 나눌 수 있다.

24시간	수면 시간	수면	잠자는 시간	
	활동 시간	생산 활동	직업적으로 행하는 일, 학교, 공부, 가정에서의 가사노동	
		유지 활동	세수, 밥 먹고 몸단장, 출퇴근을 하는 일체의 활동	
		여가 활동	TV를 보거나 운동, 책을 읽는 것과 같은 자유 활동	
			능동적 여가	자신이 적극적이고 능동적으로 참여하는 창조적인 활동
			수동적 여가	특별한 노력 없이도 쉽게 즐길 수 있는 활동, TV 시청, 인터넷게임

통계청에서 발표한 2019년 생활시간조사 결과를 보면 19세 이상 성인 가운데 수면 시간 8시간 12분, 하루 세끼 식사 시간 1시간 55분, 가사노동 시간 1시간 56분, 건강 관리 및 스포츠 활동에 35분을 사용했다. 취업자는 하루 7시간 36분 수면하고, 6시간 51분 일하고, 출퇴근하는 데 걸리는 시간은 하루 평균 1시간 54분, 미디어 및 여가 활동 시간은 2시간 05분이라고 한다.

2015년 방송통신위원회 조사에 따르면 한국인 1인당 1일 평균 TV 시청 시간은 약 3시간 11분, 2017 비즈니스 인사이더에서 조사한 스마트폰 인터넷 사용 통계에 따르면 한국인은 하루에 2시간 10분을 스마트폰에 할애하고 산다. 거기에 비해 하루 독서 시간은 10분이 채 되지 않는다.

자신의 하루는 어떤 일에 몇 시간을 사용하고 있는가?

나의 시간을 어떻게 쓰고 있는가?

◈ 스티븐 코비(Stephen Covey)의 시간 매트릭스로 자신의 시간을 어떻게 사용하고 있는지 점검해 보자.

번호	문항	전혀 그렇지 않다	그렇지 않다	보통 이다	그렇다	매우 그렇다
		1	2	3	4	5
1	항상 시간에 쫓기며 살아간다.					
2	마음의 여유를 가지고 일에 임한다.					
3	상대방의 요구에 거절을 못한다.					
4	특별히 하는 일 없이 시간을 무료하게 보낼 때가 많다.					
5	언제나 다급하고 바쁜 상태로 생활한다.					
6	항상 미래를 준비하고 계획하며 산다.					
7	남의 일 도와주느라 내 일을 못할 때가 많다.					
8	시간이 지나도 늘 그 자리에 있는 느낌이다.					
9	당장 해결하지 않으면 안 되는 일거리가 많다.					
10	일의 우선순위를 따져 실행에 옮긴다.					

번호	문항	전혀 그렇지 않다	그렇지 않다	보통 이다	그렇다	매우 그렇다
		1	2	3	4	5
11	그때그때 손에 잡히는 일을 하다 보면 중요한 일을 잊는 경우가 많다.					
12	늘 생활이 지루하고 따분하다.					
13	늘 당장 눈앞에 닥친 문제 해결에 초점을 맞춘다.					
14	일에서 일관되고 지속적인 성취감을 얻는다.					
15	어떤 일을 하다 보면 늘 바쁘긴 한데 성과가 없다.					
16	시간이 남아 무엇을 해야 할지 모를 때가 많다.					
17	늘 할 일에 비해 시간이 부족하다는 느낌이 든다.					
18	해야 할 일과 안 해도 될 일을 잘 구분한다.					
19	일을 열심히 하면서도 보람을 느끼지 못할 때가 많다.					
20	소일거리나 시간을 때울 거리를 찾을 때가 많다.					
21	일하는 과정에서 시간 때문에 스트레스를 많이 받는다.					
22	일을 시작하기 전에 미리 구상하고 계획한다.					
23	무슨 일을 하고 나면 마음이 허전하고 씁쓸할 때가 많다.					
24	일을 하면서 무력감이 들거나 자신이 싫어질 때가 많다.					

◈ 분석표

	A 유형		B 유형		C 유형		D 유형	
문항별 점수	1		2		3		4	
	5		6		7		8	
	9		10		11		12	
	13		14		15		16	
	17		18		19		20	
	21		22		23		24	
총 점수								
순위								

◈ 유형별 분석표

	긴급한 일		긴급하지 않은 일	
	A. 벼락치기형		B. 계획주도형	
중요한 일	반드시 해야 할 뿐 아니라 지금 당장 하지 않으면 안 되는 성격의 일	임박한 등교 시간 눈앞의 과제, 회의 자료 준비 오늘까지 마감인 보고서 가족의 경조사	긴급하지는 않지만 중요한 중·장기적인 성격의 일	진로 설계와 자기 분석 삶의 가치관과 비전 장기간 달성 목표 건강 관리, 운동 인간관계 구축 회화 공부
	C. 우유부단형		D. 시간허비형	
중요하지 않은 일	실제의 중요도보다 더 중요한 일로 착각하는 일	당구장, 고스톱(성원 미달) 쇼핑이나 미용실 따라가기 (주변 사람들의 부탁) 주변 사람들의 눈치, 체면 2, 3차 술자리 중요하지 않은 전화 불필요한 각종 모임	가장 불필요한 일	과도한 TV 시청 밤새도록 하는 컴퓨터 게임 현실도피성 소일거리들 쓸데없이 긴 전화나 잡담 과도한 음주, 잦은 흡연 과도한 쇼핑

A 유형(벼락치기형)은 반드시 해야 할 일이면서 긴급한 일이기 때문에 가장 먼저 해야 하는 일이다. 최대한 빠른 시간 내에 집중해서 처리해야 한다. 업무에 따라서 활동감과 긴장감은 필요할지 모르나 끊임없는 스트레스 상황에 놓여 지치기도 한다. 오랫동안 이 상황이 지속되면 육체적으로나 정신적 중압감으로 만성피로의 원인이 된다. 그러므로 A 유형의 일을 B 유형의 일처럼 계획하여 여유로운 삶을 살도록 해야 한다.

B 유형(계획주도형)은 중요하면서 긴급하지 않을 일이기 때문에 중·장기적으로 해야 하는 일이다. 시간적인 여유로움이 있지만 마무리를 해야 하는 일정 기간을 가지고 있다. 그리고 누군가 확인하거나 재촉하지 않는 일이다. 다음 주 제출해야 하는 리포트를 미리 작성해 놓는 일이 여기에 속한다. 이 영역의 일은 지금 당장 긴급하지 않기 때문에 미루어 두는 습성이 있다. 당장 급하지 않다고 해서 중요성을 미루어 버리면 해내지 못한 일이 쌓이게 된다. 앞에 나타난 활동들을 미루어 버리면 장기적으로 급한 일이 되어 버리고 눈앞에 놓인 일들을 처리하느라 목표와 비전, 건강은 점점 원치 않는 방향으로 흘러가고 어쩔 수 없었다고 합리화시켜 버리게 된다. 특히 습관적으로 나중에 하면 된다는 생각을 가지고 있는 사람은 늘 정신없고 바쁘게 생활하게 되고, 그 일을 처리해 내느라 자신과 주변을 둘러볼 여유조차 사라진다.

자신이 '미루기 중독증'에 걸려 있는지 냉정하게 생각해 볼 필요가 있다.

C 유형(우유부단형)은 중요하지 않지만 긴급한 일이다. 당장 처리해야 하는 일이 많으나 덜 중요한 일로 구성되어 있다. 즉, 갑작스럽게 처리해야 하지만 그다지 중요하지 않은 일이라는 말이다. C 유형의 함정은 실제보다 더 중요한 일로 착각하게 만드는 부분이다. 자세히 살펴봤을 때 자신의 목표와 비전과는 상관없고 늘 바쁘지만 딱히 내세울 만한 일들이 아니기 때문이다. 그렇지만 다수의 사람이 이 영역의 일을 처리하느라 긴급하지 않고 중요한 일을 놓쳐 버리는 수가 많다. 친구 미용실을 따라가거나 해야 할 일이 있으면서 2, 3차 술자리를 따라가는 일이 그런 것이다. 이 영역의 일이 많다면 과감히 필요한 일을 구분하여 불필요한 일을 줄이거나 배제하고 위임하는 방법으로 자신의 목표를 찾아가야 할 것이다.

그렇게 하지 않으면 늘 바쁜 생활 속에서 자신을 갈구하며 심신이 소진되어 갈 수밖에 없다.

D 유형(시간허비형)은 중요하지도 않고 긴급하지 않은 일들이기 때문에 시간낭비의 주된 역할을 한다. 하지만 우리의 시간 중 일부를 차지하고 있는 일이기도 하다. 가끔 이런 일을 할 때가 있지만 과도해져서 해야 하는 일을 방해해서는 안 된다. 보통 육체적으로나 정신적으로 스트레스에 노출되어 소진되어 있는 A 유형의 사람들이 자신을 위로하는 방법으로 C 유형이나 D 유형에 빠져 자신의 행동이 정당하다는 비합리적 위로의 방법으로 즐기는 경우가 많다. 주로 D 영역의 일이 많다고 한다면 자신의 삶을 대하는 태도를 확인해 볼 필요가 있다.

자기관리의 측면에서 과감히 D 유형의 일들을 없애버리는 것이 필요하다.

자신은 어느 영역의 어떤 유형인지 확인해 보고 무엇을 준비하면 되는지 생각해 보자.

나의 어제, 오늘, 내일의 하루

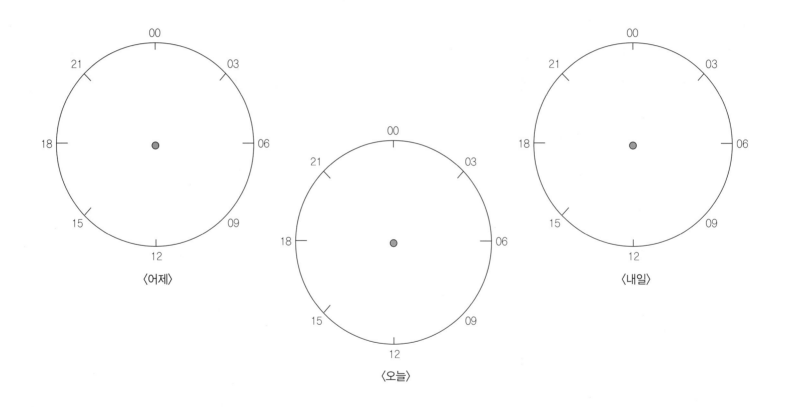

〈어제〉

〈오늘〉

〈내일〉

3. 나의 새로운 시간 만들기

시간경영의 활용 방법

1900년도부터 2050년도까지 기대수명의 도표이다.

연도	남자	여자
1905년	22.6	24.4
1960년	51.1	53.7
2000년	63.3	67.9
2015년	72.3	79.7
2050년	84.7	90.7

1905년도에 내가 만약 태어났다면 나는 지금 어떻게 되어 있을까? 이미 죽었을 수도 있고 죽음을 눈앞에 두고 있을 수도 있다. 1905년의 사람들에 비해 우리는 3배 이상의 삶을 살아가고 있는 중이다. 다시 태어나기를 3번 해야 한다는 말이다. 지금의 우리에게는 이 시간이 매우 소중한 시간이 아닐 수 없다.

우린 시간을 어떻게 보내고 있는가? 그들에게도 우리에게도 똑같은 시간이 주어지고 있다.

우리에게는 매일 아침 하루 24시간 86,440초라는 시간이 주어진다. 그러나 어떤 사람은 하루 24시간을 30시간 108,000초 같이 쓰고 어떤 사람은 5시간 1,800초 같이 사용한다. 시간은 경영하는 사람에 따라 10배 이상 효율적으로 사용할 수 있다. 그래서 시간을 가치 있게 사용하는 방법을 알아야 한다.

시간을 활용할 수 있는 법칙은 많다. 그런데 이 법칙들이 왜 만들어졌는가에 대해서 생각해 볼 필요가 있다. 왜 이 시간의 법칙들을 사용했을 때 성과를 높일 수 있는지에 대해서 말이다. 이탈리아의 경제학자 파레토(Vilfredo Pareto)는 '파레토의 법칙 80:20'을 이야기한다. 우리가 사용하는 시간의 80퍼센트는 20퍼센트의 성과밖에 얻지 못하고, 반대로 20퍼센트의 시간으로 전체 80퍼센트의 성과를 낸다는 법칙이다. 이런 법칙을 잘 활용하면 성과는 높이고 낭비되는 시간은 줄일 수 있다. 또 미래학자인 제임스 보트킨(James W. Botkin)이 성공한 사람들의 시간 패턴을 분석해 정립한 '15:4의 법칙'에서는 일을 시작하기 전 15분 동안 우선순위를 정하고 하루 업무를 조직화하면 나중에 4시간을 절약할 수 있다고 한다.

많은 일로 바쁘다는 핑계로 안달복달하면서 더 많은 일을 하지 못하는 것에 대해 애쓰지 말라는 뜻이다. 자신이 하고자 하는 목적을 위해서 어떻게 하면 시간을 절약하고 아까운 시간 낭비를 막을 수 있을까?

자투리 시간 모으기

마지막으로, 간단한 자투리 시간 모으기를 알고 가자.

자투리 시간을 아는가? 사전적으로 남은 천의 조각이나 자그마한 조각만큼 적은 시간을 자투리 시간으로 정의한다. 생활의 활동과 활동 사이에 생산적으로 쓰기에는 여의치 않게 생기는 짧은 시간을 말한다. 일반적으로 짬, 틈, 보너스 시간, 대기 시간(등교 시간, 이동 시간, 기다리는 시간)이라고도 한다. 때로는 긴 시간도 발생하지만 활용하지 못하고 그냥 흘러 보내야 하는 경우도 생긴다. 사람들은 시간은 금이라고 말한다. 그렇다면 자투리 시간은 금의 부스러기이다. 금싸라기를 보고 그냥 지나가는 사람은 없을 것이다. 그만큼 결코 중요하지 않은 시간이 아니라는 말이다. 아직 체감하지 못하는가? 그렇다면 자신의 1시간, 1분이 얼마의 금전적 가치로 환산되는지 계산해 보자. 나와의 시간을 기준으로 정리하자. 자신의 월급이 300만 원, 주 5일 근무를 기준으로 하루 9시간 근무하는 시간이 얼마의 가치를 가지고 있는지 환산해 보자(상여금과 기업공헌도의 보너스는 제외한 금액이다).

$$\text{1분의 가치: } (300만 원 \div 180시간) \div 60분 = 1분당\ 278원$$

자신의 1분은 278원, 10분은 2,780원, 1시간은 16,680원이 되는 셈이다. 최저시급을 기준으로 1시간당 열심히 노동했을 때의 금액보다 더 큰 금전적 가치를 가지고 있는 금싸라기와 같은 시간이 자투리 시간이다. 하루 1초 잠시 하늘을 보면서 힐링할 수 있는 정서적 가치는 어떻게 설명할 것인가? 작곡가 요한 슈트라우스(Johann Strauss)는 비엔나 음식점에서 식사를 기다리는 동안 메뉴판 뒤에 그의 유명한 왈츠 곡을 썼다. 자투리 시간만 잘 활용해도 자신의 목표를 달성할 수 있는 시간은 줄어들 것이고 성공할 수 있다는 이야기이다. 내 자투리 시간은 어떤 상황에서 많이 발생하는지 생각해 보자. 짧게는 5분, 길게는 1시간이 넘는 시간이 자신만의 자투리 시간이 될 것이다. 그 자투리 시간에 할 수 있는 일을 정리해서 목록을 만들어 보자. 아무 준비가 되어 있지 못하면 생산성 없는, 그냥 지나가 버리는 시간으로 소비해 버릴 것이다.

따라서 자투리 시간별로 미리 할 수 있는 일을 생각해 보고 목록을 만들어서 오늘부터 그 시간이 생기면 즉시 활용해 보자.

5분 내외	간단한 통화, 팩스, 메일 한 통 보내기, 줄넘기, 명언이나 단어 외우기, 맨손 체조 등
15분 내외	영어회화 공부, 악기 연습, 신문 읽기, 책의 일부 읽기, 음악 감상
30분 내외	식사 준비, 책상 정리, 서재 청소, 산책, 간단한 회의, 시사주간지 읽기
60분 내외	인터넷 검색, 세탁, 사업계획서 수립, 연설문 작성, 심리상담 등

다음에서 제시한 것과 같이 자신의 시간을 활용한다면 시간 낭비를 줄일 수 있다. 내가 당장 할 수 있는 것은 무엇인지 생각해 보자.

① 나에게 시간 정리는 왜 필요한지 생각을 먼저 하라

성공한 사람들의 모습을 보고 자신도 따라 하면 성공할 것이라는 망상은 버려라. 그 성공한 사람들은 뚜렷한 목적의식이 있다.

② 내 주변의 환경을 정리하라

자신의 가방 속이 늘 엉망진창이라면 열쇠를 찾는 데 불필요한 시간을 버리게 된다.

③ 일하는 순서를 정하라

아침에 일어나서 어떤 옷을 입고 나갈지 고민하다 보면 시간이 한참 지나가기 마련이다. 전날 입을 옷을 정해 두고 가방과 준비물을 준비해 놓는다면 다음날 집에서 나서는 시간뿐만 아니라 실수도 줄어들 것이다.

④ 일의 중요도를 정하고 먼저 시작하라

모든 일이 중요하면 해야 할 일이 많아서 집중도가 떨어진다. 다 해야 할 일이지만 그중에서 가장 중요한 일부터 시작하라.

⑤ 기한을 정하라

어떤 일을 할 때 기한이 정해져 있으면 그것을 지키기 위한 노력을 하게 된다. 단, 기한은 짧으면 짧을수록 집중도가 높아진다.

⑥ '좋고 편하고 쉬운 일'은 나중에 하라

자신에게 중요한 일을 선택의 기준으로 삼아 해야 할 일 중 '쉬운 일, 어려운 일' 가리지 말고 먼저 하라.

⑦ 일상적으로 해야 하는 일들의 시간을 정해 놓아라

안부 전화, 이메일 정리, 해야 할 일 리스트 정하기, 책상 정리 등 생각나는 대로 일을 하다 보면 시간 도둑이라는 말이 절로 나올 것이다.

⑧ 자투리 시간을 활용하라

비어 있는 수업 시간을 적극 활용하라. 만화가 이종범 씨는 그림을 그리기 위해 책상에 앉아 있지 않은 모든 시간에 공부를 했다고 한다.

⑨ 다른 사람의 도움과 도구를 활용하라

혼자서 모든 것을 다 하려는 경향을 버리고, 맡겨야 할 일 리스트나 도움을 받아야 하는 일 목록을 정하라. 또한 다이어리나 모바일 스케줄을 활용하여 시간을 경영하라. 15:4의 법칙을 잊지 말기 바란다.

⑩ 쉬는 시간을 정하라

1시간 후 10분 휴식, 25분 후 10분 휴식, 3시 커피 마시기 등 3시간 공부하고 30분 쉬는 것보다 25분 공부하고 5분 쉬는 것처럼 반복적인 학습 방법이 효과적이다.

⑪ 명확히 거절하라

명확한 NO는 상당한 시간을 줄일 수 있다. 다양한 이유를 붙여서 다시 한번 더 시간을 내야 하는 상황을 만들지 않는 게 시간도둑을 만나지 않는 방법이다.

⑫ 행동하기 전 생각하라

아무 생각 없이 한 행동이라는 말을 한 적이 있을 것이다. 생각하지 않고 닥치는 대로 일을 하다 보면 처음부터 다시 해야 하는 경우가 발생한다. 시간을 2배로 허비해 버리는 일이 생긴다. 가능한 생각한 뒤 행동하는 습관을 만들자.

⑬ 명확하게 의사 전달을 하라

불명확한 의사는 다시 재질문하고 답하는 상황을 만들기도 한다. 또한 받아들이는 사람에 따라 전혀 다른 결과를 초래한다.

⑭ 미디어 활용 시간을 잘 관리하라

필요한 정보는 미디어에 넘쳐난다. 정보를 알아보기 위해 접속한 순간 자신의 의지와 상관없이 필요한 정보 이외의 정보를 클릭하는 자신을 발견할 수 있을 것이다. TV, 스마트폰, 인터넷 등 미디어를 사용하는 경우 시간을 정해 놓자.

⑮ 후회하지 말라

친구와 함께 과거의 생활을 웃음으로 회상하는 것은 즐거운 일이지만 과거에 대한 미련, 후회, 죄책감, 원망은 완벽한 시간 낭비이다.

어떤 이름 모를 작가는 "할 일이 생각나거든 지금 하라. 오늘 하늘은 맑지만 내일은 구름이 덮일지 모른다. 친절한 말 한마디가 생각나거든 지금 말하라. 내일은 그 사람이 곁에 없을지도 모른다."고 이야기한다. '시간은 금'이라는 말은 금은 비싼 값의 현금으로 환산되고 비싼 현금은 우리가 귀하게 여기며 사용할 수 있다는 말이다. 당신은 지금 이 순간을 어떻게 사용할 것인가?

나에게 주어진 3번의 인생

◆ 만약 3번의 인생을 살 수 있다고 하면 당신은 각각 어떤 인생을 살고 싶은가? 이 가상의 인생에서 포인트는 그 삶 자체가 즐겁다는 것이다. 다음 세 가지 삶 중 당신이 가장 살아 보고 싶은 부분은 무엇인가?(하나의 상황으로 구체적으로 써 보라)

제1의 인생	
제2의 인생	
제3의 인생	

3ON action plan

구분	내용
ON Self-Reflection 자아성찰	※ [과거] 이 활동을 하기 전까지의 나는?
ON Realistic Goal 현실목표	※ [현재] 지금의 나는?
ON New Movement 대안실행	※ [미래] 나의 미래를 위해 지금부터 새롭게 실천해야 하는 것은?

지금 나의 점수는?	① ② ③ ④ ⑤ ⑥ ⑦ ⑧ ⑨ ⑩	점

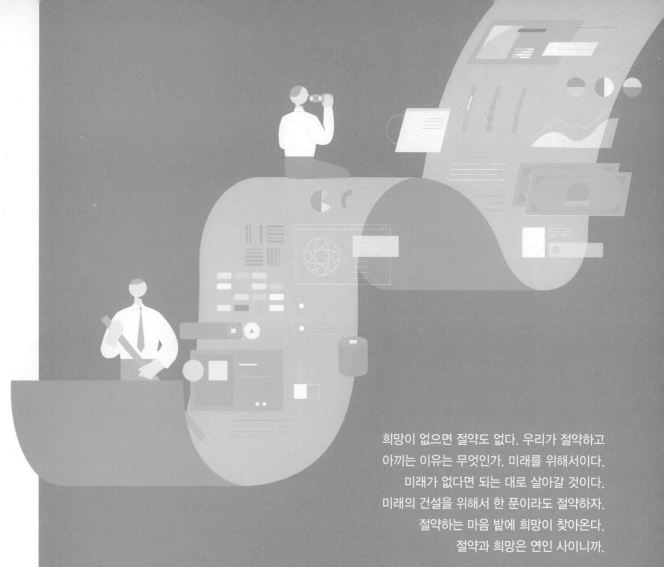

Chapter

7

나의 경제

희망이 없으면 절약도 없다. 우리가 절약하고
아끼는 이유는 무엇인가. 미래를 위해서이다.
미래가 없다면 되는 대로 살아갈 것이다.
미래의 건설을 위해서 한 푼이라도 절약하자.
절약하는 마음 밭에 희망이 찾아온다.
절약과 희망은 연인 사이니까.

— 윈스턴 처칠 —

돈이 나의 삶에 주는 의미

돈을 포함하여, 행복한 삶을 위하여 나에게 반드시 필요한 것 다섯 가지는?	1. 돈	2.	3.	4.	5.
다섯 가지 우선순위는?	1.	2.	3.	4.	5.
돈은 몇 번째인가? 순위를 통해 살펴본, 돈이 내 삶에 미치는 영향은?					
현재 돈이 없어서 못하는 일은 무엇이며, 돈이 생겨서 그 일을 할 수 있다면 나의 삶에 어떠한 영향을 미칠까?					
돈이 중요하다면 그 이유는? 돈이 중요하지 않다면 그 이유는?					

1. 부와 행복의 관계

"절대적인 빈곤 상태에 있다면 어떻게든 현 상황을 벗어나려는 갈망으로 부자가 되고 싶어 하고, 상대적 빈곤 상태에 있다면 타인의 밥그릇에 대한 시기와 질투를 멈추지 않는 인간의 본성 때문에 부자가 되고 싶어 한다."

-『시골의사의 부자경제학』, 박경철-

인간의 욕심은 끝이 없다. 이미 부를 축적한 사람도 자신보다 부유한 사람 때문에 상대적인 빈곤감으로 행복하지 않을 수 있다. 미국의 경제학자 폴 새뮤얼슨(Paul Anthony Samuelson)은 행복을 '가진 것/욕망'으로 정의하였다. 즉, 가진 것을 늘이거나 욕망을 줄이는 것이 행복의 척도가 된다는 것이다. 새뮤얼슨이 제시한 행복의 공식이 맞다면, 가진 것이 많이 늘어난 현대는 과거보다 훨씬 행복해야 한다. 하지만 행복이 과거에 비해 절대적으로 늘어났다는 데 동의하는 사람은 거의 없을 것이다. 세계에서 가장 풍요로운 국가인 미국이 가장 행복한 나라가 아니라는 것이 이를 뒷받침한다.

노벨 경제학상을 받은 두 교수『생각-빠르고 & 느리게(Thinking-Fast & Slow)』의 저자 대니얼 카너먼(Kahnemann)과『위대한 탈출(The Great Escape)』의 저자 앵거스 디턴(Angus Deaton)은 공동 논문에서 "고소득으로 삶의 만족감을 살 수는 있어도 행복을 사지는 못한다."고 결론 내렸다. 일반적으로 무언가 많이 가질수록 그에 따른 만족도가 점차 덜 증가한다는 재화의 '한계효용체감의 법칙(Law of Diminishing marginal utility)'이 이를 반영한다.

그럼에도 불구하고 왜 인간은 부자가 되려 하는 것일까? 그 이유는 인간만이 재화를 가지고 있으며 자본주의 시스템을 가지고 있기 때문이다. 동물은 부자가 되기를 원하지 않는다. 필요 이상으로 먹이를 모으거나 호화롭게 집을 짓지 않으며 서로 비교하지 않는다.

　자본주의에서 돈이 개인에게 주는 첫 번째 기능은 인간의 기본적인 욕구인 '의식주'의 해결이다. 즉, 잘 먹고 잘 살 수 있으려면 돈이 필요한 것이다. 좋은 옷, 좋은 음식, 좋은 집이 아닐지라도 돈이 없으면 기본적인 삶을 영위하기 힘들 수 있다. 빈민국의 자선 단체가 우리에게 기부받는 것은 돈이다. 자본주의에서 돈이 없으면 자신과 가족의 인간적인 삶을 지킬 수 없는 것이다.

　돈의 두 번째 기능은 '안심'이다. 돈이 있다고 그만큼 행복해지는 것은 아닐지라도 현대 사회를 살면서 무소유를 실천하는 구도자가 아닌 이상, 텅 빈 통장을 가진 사람보다 돈이 넉넉하게 있는 사람이 미래에 대해 걱정하지 않고 살 수 있지 않겠는가? 가족이 큰 병에 걸렸을 때 치료하는 것은 의사지만 의사를 움직이는 것은 돈이다. 실수로 법적인 죄를 저질러도 범칙금이나 위자료로 형량을 줄이거나 가벼운 죄를 모면할 수 있다. 돈은 불확실한 미래에 대한 대비를 하게 해 준다.

　돈의 세 번째 기능은 '기회'이다. 돈은 삶에 있어 선택의 폭을 넓혀 준다. 중국집에서 식사를 할 때 돈이 없으면 가장 저렴한 짜장면을 선택할 수밖에 없을 것이다. 물론 개인 취향에 따라 짜장면이 제일 마음에 들 수도 있다. 하지만 돈이 있다면, 값비싼 메뉴까지 포함한 여러 선택지를 두고 선택할 기회를 가지게 되지만 돈이 없다면 선택할 수 있는 메뉴가 제한된다. 자본주의에서 인생의 많은 기회는 돈으로 주어진다. 부유한 집 자녀는 다양한 교육과 경험을 통하여 자신이 원하는 미래상을 그려 볼 수 있지만 가난한 집 자녀는 그 기회가 비교적 줄어드는 것이 자본주의라고 할 수 있다.

　이렇듯 부가 행복의 많은 문제를 해결해 주는 수단이 되는 것은 부인할 수 없다. 각자가 느끼는 부와 행복감에 대한 기준은 저마다 다르다. 일반적으로 행복을 위해서 자신과 가족의 생존을 지킬 수 있는 기본적인 부를 갖추되 욕망은 끝이 없으므로 적절한 밸런스가 이루어져야 한다. 즉, 소유와 욕망의 통제가 잘 이루어져야 만족스러운 삶을 살 수 있다.

　미국의 심리학자인 에이브러햄 매슬로(Abraham Maslow)의 욕구 단계설의 최상위는 '자아실현'이다. 돈은 자본주의 체제에서 개인의 자아실현에 중요한 도구임은 부정할 수 없다. 하지만 명심해야 할 것은 도구는 도구일 뿐 돈 그 자체가 자아실현이고 목적이 될 수는 없다. 돈을 얼마나 버느냐도 중요하지만 돈을 어떻게 벌고 쓸 것인지도 간과해서는 안 된다.

우리는 돈의 주인이 되어 돈을 노예로 부려 먹어야 된다. 돈의 노예가 되어서는 안 되는 것이다. 자본주의 체제 아래 우리가 돈의 주인으로서 살아가기 위해 배우고 준비해야 될 것에 대하여 알아보자.

행복을 위한 지출

◆ 지난 한 달 동안 지출한 내용을 생각해 보고, 다음의 세 가지 질문 중 자신이 속하는 질문 모두에 답을 작성해 보자.

질문	what	why	feeling
타인을 위해 지출한 적이 있는가? (있다면 누구를 위해 지출하였으며 기분은 어떠했는가?)			
새로운 경험을 위해 지출한 적이 있는가? (있다면 어떠한 경험을 위해 지출하였으며 기분은 어떠했는가?)			
좋은 시간을 위해 지출한 적이 있는가? (있다면 어떠한 시간을 위해 지출하였으며 기분은 어떠했는가?)			

『당신이 지갑을 열기 전에 알아야 할 것들』이라는 책에서 저자인 엘리자베스 던(Elizabeth Dunn)과 마이클 노튼(Michael Norton)은 "우리는 돈을 두 배로 벌면 행복도 두 배로 쌓일 것이라고 생각하지만, 실제 조사 결과를 보면 그렇지 않다."며 행복해지기 위해 지금까지와 다른 방식으로 돈을 쓸 것을 제안하였다. 소유를 위해서가 아닌, 행복을 위해서 돈을 어떻게 사용할지 고민해야 한다.

2. 나의 경제 점검

기본 태도

재화를 모으고 굴리는 기술이라는 뜻의 '재테크(財+technology)'라는 말이 등장하여 유행하기 시작한 것은 그리 오래되지 않은 일이다. 과거에는 은행에 돈을 넣어 두거나 땅을 사 두는 행위만으로 부자가 되는 일이 흔했기 때문에 재테크의 필요성이 크게 대두되지 않았다. 그러나 시중금리가 물가상승률을 넘어서지 못하는 현재와 같은 마이너스 금리 시대에는 관리의 기술이 많이 요구된다.

그럼에도 대학생에게 서점에 즐비한 부자되기식의 서적을 당장 권하고 싶지는 않다. 왜냐하면 종자돈이 필수인 재테크는 돈(財)을 어떻게 늘일 것인가 대한 기술(technology)에 포커스가 맞추어져 있기 때문이다. 액수가 적고 한정된 금액 안에서 사용해야 하는 대학생 시기에는, 종자돈을 기본으로 하는 재테크에 초점을 두기보다는 돈을 대하는 기본적인 태도를 익히는 것이 우선시되어야 할 것이다.

특히, 경제적 독립을 시작하는 대학생이 되었을 때 소비 기준이 명확하지 않아 불필요한 지출을 하고 그릇된 소비 습관이 형성되기 쉽다. 또한 어려서부터 돈을 밝히면 안 된다고 여기는 사회 풍조 탓에 재정관리를 유년과 청소년 시절에 미리 배우지 않았기 때문에 대학생이 되어 혼란과 착오를 겪을 수 있다. 자신의 인생을 주체적으로 살아가기 위해서는 올바른 경제관념을 가지고 돈을 잘 관리하여야 하며 그 시작은 대학생 시기부터 시작된다.

절약 습관

대부분의 재테크와 부에 관한 서적들이 공통적으로 중요시 여기는 것은 절약과 저축이며, 계획적인 소비는 불필요한 지출을 줄이는 습관에서 출발한다. 티끌 모아 태산이 된다는 고전적 진리는 시대를 넘어 현대에도 통한다. 누구나 인정하는 사실이지만, 이것을 행동으로 옮기기는 쉽지 않다. 소비에 있어 자신을 합리화하는 경우가 많다. '이건 꼭 필요해서 쓰는 돈이야.' 소비를 부추기고 저축을 방해하는 대표적인 생각이다. 불필요하게 쓴 돈에 대해 꼭 필요했기 때문에 어쩔 수 없었다고 변명하는 것처럼 어리석은 일은 없다. 작고 사소한 것을 우습게 여기지 말자. 수입은 일정한데 계획 없이 지출하다 보면 돈이 모일 리가 없다. 지출을 엄격하게 통제하여야 한다. 소비 습관은 수입이 늘어날수록 더욱 굳어지는 법이다. 현재 돈을 잘 관리하지 못하면 수입이 늘어났을 때는 더 관리의 어려움을 겪게 된다. 일상생활에서 쉽게 실천할 수 있는 몇 가지 절약 습관의 사례를 살펴보자.

커피 값 아끼기

최근 한 집 건너 한 집일 정도로 커피전문점 매장이 많이 늘어났다. 커피전문점은 커피를 마시는 일차원적 목적 이외에도 개인적인 공부나 업무를 하는 공간뿐만 아니라 사람을 만나 환담을 나누는 문화 공간의 역할로도 활용되고 있다. 이렇듯 우리의 일상이 되어 버린 커피전문점에서의 지출 금액은 대략 얼마일까?

커피전문점에서 매일 커피 한 잔을 마신다고 가정할 때 한 잔에 5천 원, 한 달이면 15만 원을 월복리 4% 이자의 금융상품에 넣으면 이자과세(15.4%)를 제외하고 대학 생활 4년에 약 7,724만 원이 된다.

적은 돈이라도 모으면 큰 힘을 발휘한다. 대체재를 찾아보면 어떨까? 저렴한 커피도 있고 집에서 직접 커피를 내려 텀블러에 담아 다니는 방법도 있다.

택시비 아끼기

『한국의 부자들』(2003)이라는 책에서 부지런함의 척도를 파악하기 위해 저자는 100명의 부자에게 기상 시간과 취침 시간을 살펴본 결과, 그들은 거의 대부분 일찍 자고 일찍 일어나며, 자수성가한 부자치고 늦게 출근하는 사람이 없다는 것을 확인했다.

시간은 누구에게나 공평하다. 부자들은 시간을 남보다 효율적으로 사용하며, 부지런한 습관이 몸에 배어 있다. 시간을 잘 활용하지 못할 때, 우리는 여러 가지 불필요한 소비를 하게 된다. 등교 시간이나 약속에 늦을 경우 택시를 타게 되는데, 시간에 쫓겨 수시로 택시를 타는 습관에 따른 지출을 생각해 볼 필요가 있다.

만약 그리 멀지 않은 거리로 일주일에 8천 원의 요금을 두 번 정도 이용한다고 가정하면 1년 76만 원이 된다. 이 비용을 대학 생활 4년간 지출하지 않고 월복리 4% 이자의 금융상품에 넣으면 이자과세(15.4%)를 제외하고 약 411만 원이 된다. 시간이 곧 돈이라는 말을 실감할 수 있다. 바쁘거나 편리하다고 해서 택시를 쉽게 이용하지 않는 습관을 들여야 할 것이다.

술값과 담뱃값 아끼기

사람들은 흔히 필요한 물건을 살 때 돈이 부족하면 농담 삼아 "술 한번 안 마시면 되지."라는 말을 하곤 한다. "그래 봤자 술값으로 얼마나 나간다고." 이렇게 말하는 사람도 있겠지만, 그런 생각을 괜히 하는 게 아니라는 조사가 있다. 최근 한 기사(세계일보, 2018. 5. 10.)에 따르면 성인 남녀(대학생 869명·직장인 701명) 총 1570명을 대상으로 2018년 5월 10일 설문조사를 한 결과 성인 남녀의 한 달 평균 음주 횟수는 5.6회로 나타났다. 직장인의 한 달 평균 음주 횟수는 6.7회로 평균보다 많았고, 대학생은 4.7회로 나타났다. 대학생의 음주 횟수는 성인남녀의 평균에 미치지 못하지만, 직장인이 원치 않는 회식과 모임이 잦은 것을 감안하면 자발적인 음주는 비슷한 횟수임을 짐작할 수 있다. 응답자들이 한 달에 지출하는 술값은 평균 11만 5천 원으로 나타났다. 직장인은 한 달 평균 14만9천 원, 대학생은 8만6천 원을 술값으로 썼다. 술값 지출 비용 역시 평균에 미치지 못한다. 하지만 본격적인 월급 소득이 아닌 아르바이트나 용돈으로 지출하는 비용으로는 적지 않은 돈이다. 8만6천 원을 연 4% 이자가 발생하는 적금이나 펀드에 투자할 경우 4년 뒤 일반 과세 후 만기 지급액이 약 442만 원이 된다. 필요에 따라 술을 마시더라도 건강과 절약을 위해 절제하는 습관이 필요하겠다.

흡연은 습관이며 중독이다. 흡연은 사망률이 가장 높은 폐암의 주원인 중 하나이며, 암과 심장질환, 뇌졸중 등 각종 만성질환의 발병률을 높인다. 본인뿐만 아니라 간접흡연으로 가족의 건강도 해칠 우려가 있다. 담배의 가격은 평균 4천5백 원이다. 한 달 13만 5천 원, 1년 162만 원에 해당하는 돈이다. 이 비용을 대학 생활 4년간 지출하지 않고 월복리 4% 이자의 금융상품에 넣으면 이자과세(15.4%)를 제외하고 약 695만 원이 된다. 10년이면 약 1,936만 원이다. 담배를 끊지 않고 10년이면 2,000만 원에 해당하는 돈을 연기로 날리는 것이다. 물론 건강을 해쳐서 들어가는 병원 비용은 별도이다. 혼자 담배를 끊기 어렵다면 국민건강보험공단의 '병·의원 금연치료'를 통하거나 가까운 보건소에서 금연 서비스를 무료로 지원 받을 수 있다. 시간을 내기 어렵다면 금연상담전화(1544-9030)를 이용할 수 있다.

자동차 구입 시기 늦추기

취업 후 가장 먼저 사는 것 중 하나가 자동차이다. 대부분 현금을 지불하는 것이 아니라 할부로 빚을 내어 구매한다. 취업 후 마이카를 가지고 싶은 간절한 마음은 이해하지만, 차에 들어가는 돈은 제법 커서 필요에 의해 꼭 구매해야 할 경우가 아니라면 출퇴근 시 대중교통을 이용하고, 가능한 구입을 미루기를 추천한다. 차량 구매와 유지에 얼마나 많은 돈이 사용되는지 살펴보자.

자동차를 구입하여 4년간 할부를 내면서 타고 다닌다고 가정해 보자. 만약 자동차를 구매하지 않고 그 돈을 월복리 4%의 금융상품을 이용하여 모았다면 기회비용은 얼마가 될까? 월평균 차량 유지비를 40만 원 정도로 가정하였을 때, 4년 동안 월복리 4% 금융상품으로 모았다면 이자과세(15.4%)를 제외 약 2,059만 원이 된다. 우리나라에서 대중적인 중형차 가격 약 3천만 원을 차량 구입비로 책정하고 4년 동안 초기 납입금 없이 할부(캐피탈 5% 이자)로 지불하여 구매하면 부담액은 다음과 같다.

차량 금액(원)	이자율(%)	할부 기간(개월)	총 상환액(원)	총 이자(만 원)	월 상환액(원)
30,000,000	5.0	48	33,162,192	3,162,192	690,879

월 상환액 69만 원을 4년 동안 월복리 4% 금융상품으로 모았다면 이자과세(15.4%)를 제외 약 3,553만 원이 된다. 따라서 4년간 차량 구입비와 차량 유지비 지출 대신 성실히 돈을 모은다면 약 5,612만 원이 된다. 입사 직후 낮은 초봉으로 할부라는 유혹에 빠져 덜컥 구매하기보다 조금 늦춘다면 입사 평균연봉보다 많은 돈을 모을 수 있다.

차량을 구입하지 말고 자린고비처럼 무조건 아껴 쓰라는 뜻이 아니다. 차량 구입으로 얻을 수 있는 윤택함이 현대 생활에서 필수적인 부분이 있다. 특히, 가정을 꾸린다면 필요성이 더욱 높아질 것이다. 그러나 차량 구입 시기를 뒤로 미루거나 저렴하게 구입함으로써 얻을 수 있는 기회비용에 대해서 충분히 생각해 볼 필요가 있다.

미국의 백만장자들을 10년간 연구한 토머스 스탠리(Thomas J. Stanley) 박사의 저서 『이웃집 백만장자(The Millionaire Next Door)』에서 백만장자 부자들의 54.3%는 갖가지 정보를 토대로 자신의 능력에 비해 가장 싼 가격에 차를 구입했고 그중 3분의 1 이상은 중고차를 구입했다. 책에 따르면 미국의 자수성가형 부자들의 공통적인 요소 중 가장 두드러진 것은 그들의 수입보다 상당히 낮은 수준으로 생활한다는 것이다. 우리나라는 수입에 비해 고급차 소유의 비중이 높다. 과시적 성향 때문이다. 자동차는 비용이 많이 들어가며 시간이 갈수록 가치가 떨어지는 대표적인 감가상각 소비재이다. 차가 필요한 경우 자신의 수입 상황에 맞춘 현명한 판단을 하고 신중하게 구입해야 할 것이다.

3. 나의 새로운 경제관리

가계부 쓰기

지출에 대한 정확한 파악 없이 수입의 일정 부분을 모으겠다는 의욕만으로는 저축을 지속하기 어렵다. 가계부를 쓰는 가장 큰 목적은 지출을 파악하여 불필요한 소비를 줄이거나 없애고 가계 예산을 세워 나에게 알맞은 재정관리를 하기 위해서이다. 기록을 해 두지 않으면 돈이 들어와서 어느 곳에 얼마나 나가는지 정확히 파악하기 힘들다. 돈의 흐름을 파악하고 통제 가능한 시스템으로 만들어야 한다.

하지만 가계부를 쓰면서도 제대로 활용하지 못하는 사람이 많다. 이유는 가계부에 지출만 기록하고 끝내기 때문이다. 가계부 쓰기의 핵심은 결산 과정을 반드시 거쳐야 한다는 것에 있다. 일주일, 한 달 단위로 지출을 정리하고 결산하여 그동안의 소비를 정리해야 한다. 결산 자료를 바탕으로 자신의 지출 패턴이 어떤지, 현재 금융상품에 적합한지를 파악하고, 다음 달 어떤 부분의 지출을 가감할지에 대한 예산 계획을 잡아야 한다.

가계부의 필요성은 잘 알고 있음에도 쉽게 작성하지 못하는 이유는 무엇일까? 아마도 모든 수입과 지출을 꼼꼼하게 작성하기가 번거롭고 매일매일 빠짐없이 써야 하므로 쉽게 지치기 때문일 것이다. 처음 가계부를 작성할 때 너무 자세히 쓰려고 애쓰지 않아도 된다. 가계부와 통장 잔액이 일치하지 않더라도 스트레스 받지 말고 꾸준히 적어 보는 습관이 중요하다. 가계부 작성에 요령이 생기면 가계부와 통장 잔액의 오차도 점점 줄어들 것이다.

모바일 가계부

모바일 가계부는 스마트폰의 가계부 애플리케이션을 이용하는 것이다. 휴대전화에 앱을 다운로드 받은 다음 자신의 은행계좌 및 카드를 등록하고 옵션을 설정하면 된다. 카드 결제 시 자동으로 연동되어 사용 내역과 입출금 내용이 기록된다. 언제, 어디서 사용했는지는 물론 항목도 알아서 다 구분해 주기 때문에 소비 패턴 분석과 소비 이력 조회를 할 수 있고 예산 설정, 카드별 사용량 등을 확인할 수 있다.

뿐만 아니라 모바일 가계부는 개성 있고 다양한 앱이 나와 있어 자신에게 맞는 앱을 선택해서 사용할 수 있다. 영수증을 카메라로 찍으면 자동으로 구매 내역을 정리할 수 있는 앱도 있고, 금융사별로 흩어진 데이터를 모아서 보여 주는 가계부 앱도 있다. 공인인증서만 있으면 모든 금융계좌를 한 곳에서 관리할 수 있다. 또한 최근 은행 앱을 통해서 셀프 자산관리도 할 수 있으며 인공지능(AI)이 퍼스널뱅커(PB) 역할을 하기도 하는데, 수입과 지출 현황을 분석하고 가장 많은 지출 항목에 대해 유의 사항을 알려 준다. 자산 관리뿐만이 아니라 소비에 적합한 카드 등의 금융상품을 추천해 주기도 한다.

엑셀 가계부

엑셀로 가계부를 작성하면 비교적 간단하게 사용하면서도 세부 항목의 기입이 가능하다. 항목에 따른 지출을 한눈에 파악할 수 있으며 지출에 대한 만족도 등에 대한 메모도 작성할 수 있다. 결산 시에는 주간, 월간, 연간 데이터를 쉽게 뽑을 수 있다. 모바일 가계부보다 자신의 개성에 맞게 작성하고 관리가 가능하다는 장점이 있다.

단 엑셀에 능숙하지 않다면 각종 함수를 이용한 가계부 작성에 어려움을 겪을 수 있다. 이럴 때에는 타인이 만든 가계부 양식을 사용하는 것도 좋은 방법이다. 최근 버전 엑셀의 '새로 만들기'에서 가계부를 검색하면 다양한 서식을 내려 받을 수 있으며, 구글,

다음, 네이버 등 포털사이트를 검색하면 많은 사람이 올려놓은 공개 버전의 가계부 양식을 다운로드 받을 수도 있다. 자신에게 맞는 가계부를 찾아 기입하기만 하면 된다.

통장 나누기

재정관리를 잘하기 위해서는 통장을 나누어 목적별로 사용하는 것을 추천한다. 통장을 나누는 이유는 다음과 같다.

첫째, 저축을 먼저 하고 남은 돈으로 지출을 하기 위함이다. 지출하고 남는 돈으로 저축을 하면 무절제해지기 쉬워 목표만큼 저축을 못 할 가능성이 높다. 따라서 수입의 일정 금액을 정해 미리 저축을 한 뒤, 소비 통장(생활비 통장)의 금액 규모 안에서만 지출하게 하여 계획적인 소비 시스템을 만들 수 있다.

둘째, 목적별로 통장의 종류를 선택하기 위함이다. 예를 들어, 수입 통장(급여 통장) 같은 경우 액수가 크고 꾸준히 이용되므로 주거래 은행으로 선택하여 대출을 포함한 금융 거래 시 이자 혜택을 볼 수 있고 수수료를 낮출 수 있다. 소비 통장을 이용할 때에는 편의성과 접근성이 높은 인터넷 전문은행을 활용하는 것도 한 방법이다.

셋째, 돈의 흐름을 정확하게 파악하기 위함이다. 하나의 통장으로 관리하면 공과금, 관리비, 월세, 보험료 등 매달 정기적으로 일정하게 지출되는 생활비 등의 고정 지출과 외식비, 의료비, 교통비 등 소비성 변동 지출의 구분과 파악이 쉽지 않다. 또한 지출과 저축이 한 통장에서 같이 이루어지므로 경계가 모호해져서 매달 규칙적으로 저축하기 힘들어진다.

통장 나누기 방법에 대해 구체적으로 살펴보도록 하자.

수입 통장(급여 통장)

매달 용돈이나 아르바이트 월급이 들어오는 주 급여 통장이다. 수입 통장은 돈이 입금되면 돈을 각 통장(소비, 저축, 비상금 통장)으로 분리해 주는 역할을 한다. 또한 매월 각종 고정 비용을 자동이체 하는 용도로 사용한다. 따라서 이체 횟수가 많기 때문에 수수료 혜택이 있는 주거래 은행 통장을 이용하는 것이 좋다.

소비 통장(생활비 통장)

소비 통장은 수입 통장에서 한 달 동안 생활하는 데 필요한 금액을 이체해 사용하는 통장이다. 처음 이체해 놓은 금액을 한도로 생활해 보고 절약해도 부족한 경우 다시 수정하여 알맞게 설정하도록 한다. 소비 통장에서 한 달 동안 사용하고 남은 금액은 비상금 통장으로 이체한다. 자신에게 혜택이 많은 신용카드와 체크카드를 활용하여 소비하는 것이 유리하다. 연소득 25% 이내 사용까지는 소득공제 대상이 되지 않으므로 혜택이 다양한 신용카드를 사용하고, 연소득 25% 초과 사용 시 신용카드(사용 금액의 15%)보다 소득공제율이 높은 체크카드(사용 금액의 30%)를 사용하는 것이 유리하다.

저축 통장(투자 통장)

적금, 펀드 등의 장기 금융상품을 활용하여 목돈을 모으기 위한 통장이다. 월마다 일정한 금액을 자동으로 이체되도록 등록해 놓으면 납입 횟수나 현 납입 금액을 한눈에 파악할 수 있다. 개인마다 목적에 따라 통장이 여러 개가 될 수 있다. 대학 등록금, 해외여행, 결혼자금 마련 등 재정 목표에 따라 구체적인 목적 자금을 만들기 위한 통장이다. 은행마다 상품이 다양하고, 이율도 다르기 때문에 잘 알아보고 선택하는 것이 좋다. 기본적인 적금을 넣을 경우 시중 은행의 금리가 매우 낮으므로 제2금융권에 해당하는 저축은행을 추천한다. 저축은행중앙회(http://www.fsb.or.kr/)에 접속하여 금리를 비교해 보면 시중은행보다 훨씬 높은 것을 알 수 있다. 간혹 제2금융권 은행이 부도나 파산하는 경우를 염려하여 거래를 꺼리는 경우를 볼 수 있으나, 「예금자 보호법」으로 금융기관이 영업정지 · 파산 등으로 인해 고객의 예금을 지급하지 못하게 될 경우, 예금보호공사에서 예금자 1인당 예금의 원리금 합계 5,000만 원까지 보호하고 있으므로 안심해도 좋다.

비상금 통장

비상금 통장은 수입의 일부와 생활비를 사용하고 남은 돈을 넣어 두었다가 적금이나 펀드 등을 해약하는 상황이 발생하지 않도록 예기치 못한 비상시를 대비하기 위한 통장이다. 축의금, 조의금 또는 병원비와 같이 예상하지 못했던 지출을 할 때 사용하기로 정해 두어야 한다. 자칫하면 두 번째 소비 통장이 되기 쉬우므로 기준을 명확히 세워 비상금 통장의 의미를 살리는 것이 중요하다. 만약 비상금 통장을 사용하였을 경우에는 바로 채워 두는 습관을 들여야 한다.

비상금 통장으로 하루 단위의 이자가 붙는 CMA, MMF 등을 활용하는 것이 좋다. CMA(Cash Management Account)는 종금사나 증권사에서 개설할 수 있는 종합자산관리계좌로 확정된 금리가 적용되는 방식이고, MMF(Money Market Fund)는 은행에서 개설 가능하며 환매 수수료가 붙지 않는 수시입출금식 펀드로 운용 실적에 따라 수익금을 분배받는 방식이다. 둘 다 시중 은행 예금 금리에 비해 더 높은 금리를 제공하고 수시로 입출금이 자유로운 편이기 때문에 비상금 통장으로 적합하다.

통장 나누기

수입 통장
• 돈이 들어오는 통장(고정 지출 자동 납부)

은행명(계좌번호):

금액:

소비 통장

은행명(계좌번호):

금액:

• 한 달 생활비 예산 자동 이체

저축 통장

은행명(계좌번호):

금액:

• 고정 지출 후 남은 돈 이체

비상금 통장

은행명(계좌번호):

금액:

• 예비 자금 및 잔액 이체

• 예상치 못한 지출 시 활용

• 한 달 쓰고 남은 금액 이체

4. 나의 경제 마인드

경제 상식 공부하기

앞서 말한 저축은 중요하다. 하지만 안타깝게도 자본주의에서 저축만 하는 것으로는 조금 부족하다. 경제에 대해 공부하지 않으면 깨닫지 못하는 사이 금이 간 항아리에 물을 붓듯, 저축한 돈이 조금씩 지속적으로 빠져나간다. 2000년도 치킨 가격은 1만 원 정도였지만 20년 후 현재 치킨 가격은 2만 원을 넘어선다. 20년 동안 치킨 가격은 두 배 이상 올랐지만 정작 치킨의 양과 서비스는 변함이 없으므로 치킨의 가치가 두 배로 오른 것을 의미하는 것이 아니다. 즉, 만 원의 가치가 달라진 것이다. 물가가 올랐다고 표현하는 것을 바꾸어 말하면 인플레이션으로 인해 우리가 가진 '돈의 가치가 떨어졌다'는 것을 의미한다.

자본주의는 필연적으로 인플레이션을 만든다. 저축만 한다면 이자로 벌어들이는 돈보다 인플레이션으로 돈의 가치가 떨어지는 정도가 더 빨라서 우리의 돈이 증발하듯 줄어드는 결과를 만든다. 따라서 우리가 힘들게 모은 돈의 가치하락을 지키기 위해서는 인플레이션에 대항하는 행위를 하여야만 한다. 이를 인플레이션 헤지라고 부르며 바로 자본주의에 살면서 '투자'를 해야 하는 이유가 된다.

투자의 본질은 가치가 떨어지지 않는 대상으로 돈을 바꾸는 행위이다. 물론 가치가 오르면 더더욱 좋다. 20년 전 1만 원을 저축해 두지 않고 돈을 치킨으로 바꾸었다면 20년 후 2만 원이 넘는 가치가 되어 있을 것이다. 치킨은 썩어서 보관할 수 없으므로 대신 부동산, 주식, 채권, 금 등이 바로 투자의 수단이 된다. 시대에 따라 필요한 가치가 있는 것들로 돈을 바꾸어야 하며 이를 위해서는 흐름을 읽어내는 눈을 가져야 한다.

투자에는 기본이 중요하다. 어느 분야든지 기본에 충실해야 한다는 것은 만고불변의 진리이다. 평소 경제 관련 서적을 많이 읽고 기초를 다지길 권한다. 끊임없이 배워야 하며, 지식은 통찰력의 자양분이 된다. 경제 공부의 기초 토대가 없는 투자는 사상누각이라고 말하고 싶다. 기초를 먼저 다진 뒤 기술을 배워야 한다.

경제에 대한 기본 지식을 가지고 있어야 흐름을 파악하고 그에 따라 투자 종목을 바꾸며 비중을 나눌 수 있게 된다. 현재 나의 경제 상식은 어떠한지 살펴보자.

경제 기초 상식 테스트

◈ 금융 관련 뉴스에 나오는 기초 경제 용어 10개 중 나는 얼마나 알고 있는지 확인해 보자.

번호	설명	답
1	목돈을 한꺼번에 투자하는 방식, 한 번 투자한 이후 추가 납입 불가, 매달 일정 금액을 정기적으로 투자하는 적립식의 반대말	
2	한국종합주가지수, 증권시장에 상장되어 거래되는 회사들의 전반적인 주식 동향을 나타내는 대표지수	
3	금융기관이 파산하더라도 1인당 최대 5천만 원까지 개인의 예금을 보호 받을 수 있는 제도	
4	시중은행과 대립되는 말로 증권사, 보험사, 신용카드사, 저축은행, 신용협동조합 등을 일컫는 단어	
5	중앙은행인 한국은행 안에 설치된 금융통화위원회에서 매달 회의를 통해 물가와 경기 변동에 따라 시중에 풀린 돈의 양을 조절하기 위해 인위적으로 결정하는 금리	

번호	설명	답
6	금융시장의 사정을 반영하는 대표적인 금리로서 중앙은행 및 정부금융기관 이외의 민간 금융기관이 실제로 적용하고 있는 예금 금리	
7	고객의 예탁금을 CP, CD, 단기국공채 등 단기상품에 투자해 얻은 수익을 고객에게 돌려주는 상품, 급여 이체와 수시 입출금, 자동납부를 할 수 있고 하루만 맡겨도 이자가 나오며 만기 후에도 자동으로 재예탁되어 이자에 이자가 붙는 복리상품	
8	정책금리가 0에 가까운 초저금리 상태에서 경기부양을 위해 중앙은행이 시중에 돈을 푸는 정책	
9	집을 가지고 있지만 정기적인 소득이 없는 은퇴 노인들이 주택금융공사에 집을 담보로 맡기고 월 일정액을 평생 동안 생활비로 받는 제도	
10	국가나 지방자치단체, 은행, 회사 등이 필요한 자금을 차입할 때에 발행하는 공채나 사채 따위의 유가증권	

정답	① 거치식 ② 코스피 ③ 예금자 보호법 ④ 제2금융권 ⑤ 기준금리
	⑥ 시중금리 ⑦ CMA ⑧ 양적 완화 ⑨ 주택연금(역모기지론) ⑩ 채권

경제 상식 공부는 크게 세 단계로 나누어 볼 수 있다.

첫째, 경제 용어와 기본 지식을 습득하는 입문 단계

이 단계의 목표는 경제 신문을 술술 읽고 이해할 수 있게 되는 것이다. 막상 경제 기사를 읽으려 해도 생소한 경제 용어로 벽에 부딪히는 경험을 할 수 있다. 하지만 일반인이 갖추어야 할 상식적인 경제 공부의 양은 그리 많지 않다. 경제 용어는 한문과 영어를 많이 사용하기 때문에 처음 용어를 익히는 데 어려움을 겪을 수 있다. 하지만 한번 익혀 두면, 평생 활용할 수 있는 돈 버는 지식이라는 생각으로 습득하도록 하자. 아래 김승호 회장의 저서 『돈의 속성』에 소개된 필수 경제용어 100가지를 알려 주고자 한다. 지면 관계상 뜻을 싣지 못하였다.

한국은행 경제용어사전(www.bok.or.kr) 또는 한경 경제용어사전(dic.hankyung.com)에서 용어의 의미를 찾아 익혀 보길 바란다. 영어 단어 100개 외우는 것보다 말 그대로 '돈이 되는 지식'이 될 것이다.

필수 경제용어 100가지

가산금리, 경기동향지수, 경상수지, 고용률, 고정금리, 고통지수, 골디락스경제, 공공재, 공급탄력성, 공매도, 국가신용등급, 국채,

금본위제, 금산분리, 기업공개, 기준금리, 기축통화, 기회비용, 낙수효과, 단기금융시장, 대외의존도, 대체재, 더블딥, 디커플링,

디플레이션, 레버리지효과, 만기수익률, 마이크로크레디트, 매몰비용, 명목금리, 무디스, 물가지수, 뮤추얼펀드, 베블런효과, 변동금리,

보호무역주의, 본원통화, 부가가치, 부채담보부증권, 부채비율, 분수효과, 빅맥지수, 상장지수, 펀드(ETF), 서킷브레이커, 선물거래,

소득주도성장, 수요탄력성, 스왑, 스톡옵션, 시뇨리지, 신용경색, 신주인수권부사채, 어음관리계좌, 연방준비제도, 엥겔의법칙,

역모기지론, 예대율, 옵션, 외환보유액, 워크아웃, 원금리스크, 유동성, 이중통화채, 자기자본비율, 자발적실업, 장단기금리차, 장외시장,

전환사채, 정크본드, 제로금리정책, 주가수익률, 주가지수, 조세부담률, 주당순이익, 중앙은행, 증거금, 지주회사, 추심, 치킨게임,

카르텔, 콜옵션, 통화스왑, 투자은행, 특수목적기구, 파생금융상품, 평가절하, 표면금리, 한계비용, 헤지펀드, 환율조작국, M&A

둘째, 경제 흐름을 체득하는 단계

한번 익힌 경제 용어를 바탕으로 경제 기사를 읽고 흐름을 느껴 보도록 한다. 경제는 살아 움직인다. 급변하는 상황에 따라 경제도 매일 요동치기 마련이다. 어제 상한가를 쳤던 주식이 오늘 난데없이 하한가를 칠 수도 있다. 한국 경제 잘나간다고 한 것이 엊그제 같은데 갑자기 원화 가치가 곤두박질치기도 한다. 이러한 혼란에 빠지지 않으려면 항상 경제 기사를 읽고 흐름을 따라가야 한다. 모든 사건에는 원인이 있다. 원인을 파악하여 현재를 분석하고 경험까지 뒷받침된다면 현재 경제 흐름을 파악하고 미래의 흐름을 예측할 수 있는 눈을 갖추게 될 것이다.

셋째, 경제 투자를 시도하는 단계

시중에 나온 투자 서적만큼이나 투자기법과 종류는 다양하다. 여러 투자 분야 중 주식 투자를 가장 많이 하고 있지만 결코 주식만이 정답은 아니다. 인생에 정해진 정답이 없듯 투자 분야나 방법도 정답은 존재하기 힘들다. 다만 나와 맞는 투자가 있을 뿐이다. 그것을 알아 가고 배우는 과정이 필요하다. 투자에서 수익을 얻는 가장 기본적인 자세는 가치 있는 것을 볼 줄 아는 눈을 기르는 것과 때를 기다리며 인내하는 것이다.

앞서 말했듯 투자의 본질은 대단한 것이 아니라 돈의 자산 가치하락을 지키는 것이다. 최고의 투자자 워런 버핏의 투자 원칙은 다음과 같이 잘 알려져 있다. "첫째, 돈을 잃지 마라. 둘째, 첫 번째 규칙을 잊지 마라." 내가 가진 모든 것을 걸고 한방에 많은 수익을 내려는 욕심은 도박이 되고 결국 실패에 이르게 할 가능성이 높다. 아주 작은 금액으로 여러 번 다양한 투자를 시도하면서 경험해보길 권한다.

지금 수익률 보다 중요한 것은 경험에서 배운다는 태도이다. 높은 수익률은 높은 위험이 따라올 확률이 높다. 예를 들어, 지금 가진 백만 원의 적은 돈으로 100%의 대박 수익률을 올려도 백만 원이다. 물론 잃을 가능성이 더 높다. 투자 경험을 쌓으면서 차분하게 종자돈을 저축하여 자산이 1억이 되었을 때 그동안 쌓은 투자경험과 지식으로 무리하지 않고 안정적으로 1%의 적은 수익률만 올려도 쉽게 백만 원을 벌게 되는 것이다. 이때를 위해 대비하자는 것이다. 본격적으로 투자하기 전까지 공부하고 경험을 쌓는 것이 중요한 이유이다.

투자는 양날의 검과 같다. 인플레이션으로부터 자산을 지키고 늘릴 수 있는 무기가 될 수도 있지만 자신의 귀중한 자산을 몽땅 휴지 조각으로 만들 위험 또한 가지고 있다. 그러므로 투자는 항상 신중한 태도를 견지하고 겸손한 태도로 공부와 경험을 쌓아 나가길 바란다.

부자의 그릇

부자 관련 서적에서는 공통적으로 부자의 자질에 대한 이야기가 많이 언급된다. 즉, 아무나 부자가 되지는 않는다는 것이다. 만약 로또나 주식 대박으로 10억이라는 돈을 갑작스레 손에 쥐게 되었다고 생각해 보자. 이 돈을 어떻게 관리해야 평생 잃지 않고 관리할 수 있을 까? 금, 주식, 토지, 건물 등에 투자할 것인가? 은행에 넣어 둘 것인가? 돈은 마치 살아 움직이는 생물과 같아서 준비되지 않은 사람에게 일확천금은 손에 움켜진 모래 알갱이처럼 빠져 나간다. 로또 1등에 당첨되었다가 인생 망친 스토리가 심심치 않게 들리는 것은 이 때문일 것이다. 자신이 큰돈을 담을 수 있는 큰 그릇이 되어야 한다.

작은 돈을 잘 관리하지 못하면 큰돈은 더욱 관리하기 힘들다. 작은 돈부터 쪼개어 관리하고 아껴 쓰는 습관을 들여야 점점 큰돈을 담을 수 있는 자신의 그릇 크기를 키울 수 있다.

자수성가형 부자는 그냥 되지 않는다. 지식과 경험이 축적되어야 하고 절제하는 능력이 갖춰져야 한다. 현대인들은 상품을 살 때 물건 자체의 고유 가치보다 판매자가 씌워 놓은 이미지를 소비한다. 수많은 상품들이 매혹적이고 아름다운 이미지로 광고를 통해 사람들을 현혹시키는 것이다. 판매자가 불어 놓은 이미지에 현혹되어 타인에게 보이고자 소비하는 태도처럼 어리석은 것이 없다. 현재의 소비가 남에게 보이기 위한 소비재인지, 자신의 미래를 위한 투자재인지 숙고할 필요가 있다.

돈은 작으면 힘이 거의 없지만 뭉치면 큰 힘이 있다. 절약하여 '종잣돈'이 모이면 비로소 자본주의에서의 투자를 할 수 있는 '플레이어'로 자격이 주어진다. 자본가가 될 수 있는 기회가 열리는 것이다. 돈이 나를 위해 일하게 할 수 있다. 이때를 위해 절제하면서 절약하고 투자에 대한 공부를 하여 대비하여야 한다.

세상은 불평하는 사람에게는 장벽이 되지만 받아들이고 준비하는 사람에게는 기회가 된다.

3ON action plan

구분	내용
ON Self-Reflection 자아성찰	※ [과거] 이 활동을 하기 전까지의 나는?
ON Realistic Goal 현실목표	※ [현재] 지금의 나는?
ON New Movement 대안실행	※ [미래] 나의 미래를 위해 지금부터 새롭게 실천해야 하는 것은?
지금 나의 점수는?	① ② ③ ④ ⑤ ⑥ ⑦ ⑧ ⑨ ⑩ 점

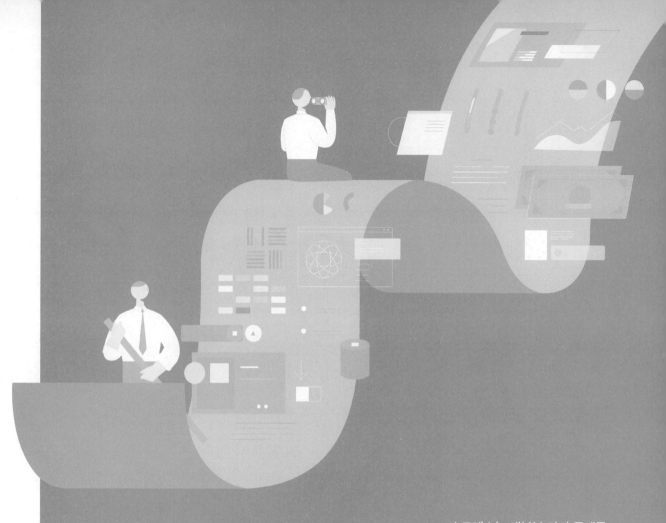

Chapter

8

나의
스트레스

스트레스는 대부분 자기 문제를
과대평가하는 사람들에 의해 발생한다.

— 마이클 르뵈프 —

나의 스트레스 지수는 어느 정도?

♥ 가장 행복해 보이는 곰을 선택해 보세요.

Ⓐ 스트레스 지수는 90%―혹시 자신보다 남을 배려하다가 손해를 보거나 화가 나도 눌러 담는 경우가 있지 않습니까? 남을 위해 희생하는 것도 좋지만, 가끔은 어느 정도 자신의 몫을 챙기는 것도 스스로에게 좋은 방법일 것입니다. 현재 스트레스 수치는 높은 편이긴 하지만, 어느 정도 자기만의 스트레스 해소법을 가지고 있습니다. 스트레스를 잘 받긴 하지만 금방 극복하고 자신만의 길을 개척할 수 있습니다. 그래도 꽤나 높은 스트레스 수치를 보이고 있으므로 운동을 하거나 잠시 모든 걸 내려 두고 즐거운 여행을 다녀오는 건 어떨까요? 스트레스를 해소하고 마음을 관리하는 것이 건강의 시작입니다.

Ⓑ 스트레스 지수 200%―엄청난 스트레스를 받고 있는 상태입니다. 혹시 요즘 낯선 환경에 적응할 일이 생겼거나, 인간관계나 진로에 대해 스트레스를 심하게 받고 있진 않나요? 지금 스트레스가 쌓일 일은 많은데 해소가 제대로 안 되고 있는 상태인 것 같습니다. 평소 스트레스를 잘 받을뿐더러, 스트레스를 받아도 소극적으로 대응하는 편입니다. 때문에 스트레스가 해소되지 않고 점점 쌓이는 현상이 발생하는 것입니다. 가벼운 운동을 통해 스트레스를 해소하기 위한 노력이 필요합니다.

Ⓒ 스트레스 지수 50%―비교적 스트레스 수치가 낮은 편입니다. 스트레스에 대응하는 방법을 매우 잘 알고 있고, 스트레스를 받아도 금방 잊는 낙천적인 성격입니다. 어떤 환경에도 잘 적응하는 당신은 낯선 환경이나 낯선 사람들을 만나도 금방 어우러지며, 선천적으로 스트레스를 잘 받지 않습니다. 남들이 자신에 대해 하는 말보다 스스로를 더 믿는 당신은 쉽게 상처 받지 않으며, 자신만의 생각을 꿋꿋이 밀어붙이는 멋진 사람입니다.

출처: Daum 1boon. [스트레스 진단] 가장 행복한 곰을 선택하세요.

1. 스트레스란

스트레스란 무엇인가

우리나라 사람들이 자주 사용하는 외래어 중 1위가 'stress'라고 한다. 아침에 일어나서 학교 가는 교통수단을 이용할 때, 학교 과제를 수행해야 할 때, 시험을 앞두고 있을 때, 진로나 취업에 대해 고민할 때, 연인과 다퉜을 때 등 하루에도 몇 번씩 여러 가지 문제로 스트레스를 받게 된다.

스트레스라는 말은 라틴어로 '팽팽히 죄다, 긴장'이라는 뜻이 담긴 '스티링고르(stringor)'가 어원이다. 20세기 의학에 크게 공헌한 오스트리아 출신의 내분비 학자이자 맥길 대학교 교수인 한스 셀리에(Hans Selye)는 "정신적·육체적 균형과 안정을 깨뜨리는 자극에 대해 안정 상태를 유지하기 위해 변화에 저항하는 반응"이라고 스트레스를 정의했다. 스트레스 환경에 노출되었을 때 생존 가능성을 높이기 위해 우리 몸에서는 일련의 조직적인 움직임이 일어난다. 이와 같은 반응을 스트레스 반응이라 하는데, 이는 자율신경계 기능과 여러 가지 호르몬 분비 및 행동의 변화를 수반한다. 스트레스를 받으면 제일 먼저 반응하는 것이 스트레스에 대한 신경계 반응을 관장하는 '부신피질자극호르몬방출호르몬(CRH)'이다. CRH가 뇌하수체를 자극해 '부신피질자극호르몬(ACTH)'이 분비가 증가한다. ACTH가 증가하면 부신에서 스트레스를 받을 때 분비되는 호르몬인 코르티솔(Cortisol)의 증가를 유도하는데, 혈중 코르티솔의 농도가 높아지면 보통 '스트레스를 받았다'고 한다.

스트레스 요인과 증상

대부분의 사람은 스트레스에 대해 스트레스 요인과 스트레스 반응을 구분하지 않고 혼용하여 사용한다. 예를 들어, '시험으로 인해 스트레스를 받는다(스트레스 원인)'와 '요즘 스트레스 연속이야(스트레스 증상)'라는 말을 같은 개념으로 표현한다. 용어적인 측면에서 스트레스란 의미는 스트레스 증상을 나타내는 것이지만, 개념을 명확히 구분하기 위해 스트레스 요인(원인)과 스트레스 증상(반응)으로 나누어 설명하기도 한다. 스트레스 요인은 내적 요인과 외적 요인으로 나뉘는데, 이러한 요인들을 한 개인이 감당할 능력이 약화되거나 결핍되었을 때 스트레스를 받게 된다. 스트레스 상황에 반복적으로 노출되면 스트레스는 만성화되어 신체적 · 정신적 · 감정적 · 행동적 증상으로 나타난다.

스트레스 요인과 증상을 간단히 살펴보면 다음과 같다.

스트레스 요인	내적 요인	자기 비난, 비관적인 생각, 비현실적인 기대, 과장되고 경직된 사고, 극단적 사고, 완벽주의 일중독 성향, 감수성이 풍부한 사람, 다혈질적인 사람, 수면 부족, 과중한 스케줄 등
	외적 요인	복잡한 대인관계에서의 문제, 가까운 사람과의 이별이나 죽음, 학교에서의 좌절, 일상의 복잡한 일, 소음, 강력한 빛, 춥거나 더운 기온, 협소한 공간, 자연재해, 환경오염 등
스트레스 증상	신체적 증상	피로, 두통, 불면증, 근육통, 메스꺼움과 구토, 변비나 설사, 복통 위장병, 경직(목, 어깨, 허리 등), 심계항진, 흉부 통증, 안면 홍조, 당뇨, 기관지천식, 피부 가려움, 피부발진 등
	정신적 증상	집중력과 기억력 감소, 우유부단, 탈진, 공허함, 혼동 등
	감정적 증상	불안, 신경과민, 우울증, 분노, 좌절감, 인내 부족 등
	행동적 증상	안절부절, 손발 떨기, 욕설, 비난, 물건 투척, 때리는 행위 증가, 과음이나 과식 등

스트레스로 인한 질병

스트레스를 받으면 면역 기능이 떨어져 질병에 걸리기 쉽고 암세포에 대한 저항력도 약해진다. 과도한 스트레스는 자율신경계 균형을 깨뜨리고 감각신경계를 민감하게 만들기 때문에 만병의 근원이 된다. 내과 입원 환자의 70% 정도는 스트레스와 연관된다는 연구 결과도 있다.

강도 높은 스트레스에 장기간 노출되면, 일시적으로 몸에 반응이 오는 것으로 끝나는 것이 아니라 우리 몸에 치명적인 손상을 입게 되는 것이다.

스트레스가 유발하는 대표적인 질병	암	스트레스를 받으면 코르티솔 등 백혈구의 분화 등을 억제시켜 암 발병률을 높임
	심혈관질환	스트레스가 혈압을 상승시켜 심혈관질환의 위험성을 높임
	위장질환	위장은 자율신경계의 변화에 민감하며, 변화가 일어날 시 소화기질환을 경험함
	정신질환	우울증, 불안장애 등의 각종 정신질환은 스트레스가 주된 원인임

나에게 이런 스트레스가?

◈ 다음 내용은 일상생활에서 흔히 겪을 수 있는 여러 가지 생활 사건이다. 각 문항들을 자세히 읽은 후, 지난 1년 동안 경험한 사건이 자신에게 얼마나 중요한지 체크해 보자.

번호	문항 내용	전혀	조금	상당히	매우
		0	1	2	3
1	취업을 위한 준비가 계획대로 진행되지 않았다.				
2	졸업 후 취직을 못할 것 같아 걱정했다.				
3	진로와 취직에 필요한 정보를 얻기 힘들다.				
4	사회적 편견(예: 성차, 지방대학 등) 때문에 취직이 어렵다고 생각했다.				
5	연인과의 사이가 매우 악화되었다.				
6	연인이 나의 의견에 따라 주지 않았다.				
7	연인과 심하게 싸웠다.				
8	연인과 헤어졌다.				
9	경제적으로 부족해서 대학 생활이 위축되었다.				

번호	문항 내용	전혀 0	조금 1	상당히 2	매우 3
10	학자금 조달이 어려웠다.				
11	용돈이 부족해서 대학 생활이 위축되었다.				
12	경제 생활이 어려워서 취미 생활을 충분히 할 수 없었다.				
13	부모와 의견 충돌이 있어서 싸웠다.				
14	부모와의 갈등이 심화되었다.				
15	집안 식구가 나에게 불필요하게 간섭했다.				
16	친구들로부터 따돌림을 받았다.				
17	친구들로부터 배척을 받았다.				
18	친구가 나를 무시했다.				
19	교수의 인격에 대해 실망했다.				
20	교수가 말하는 것과 행동하는 것이 달랐다.				
21	교수의 불성실한 강의로 학습 의욕이 저하되었다.				
22	나의 가치관이 올바른 것인지에 대해 회의에 빠졌다.				
23	왜 사는지에 대한 의문 때문에 방황했다.				

번호	문항 내용	전혀 0	조금 1	상당히 2	매우 3
24	내가 중요하다고 생각하는 가치를 실천하지 못했다.				
25	공부해야 할 과제의 분량이 너무 많았다.				
26	노력한 만큼 성적이 나오지 않았다.				
27	전공 공부가 너무 어려웠다.				
28	취업이나 진로에 필요한 적성을 알 수가 없어서 고민했다.				
29	졸업 후 진로를 결정하지 못해 방황했다.				
30	대학을 졸업하더라도 가족들의 기대만큼 성취하지 못할 것 같은 생각이 든다.				
31	사회적 불안정(예: 정치, 경제 등) 때문에 직장을 얻기가 어렵지 않을까 생각했다.				
32	연인과 말을 하지 않았다.				
33	연인이 나 이외의 다른 사람에게 관심이 있음을 알았다.				
34	집안의 경제 사정이 악화되었다.				
35	사 입고 싶은 옷을 살 돈이 없었다.				
36	경제적으로 친구들과 수준 맞추기가 힘들었다.				
37	가족으로부터 억울한 비난을 받았다.				

번호	문항 내용	전혀 0	조금 1	상당히 2	매우 3
38	부모님이 내가 하고자 하는 일을 허락하지 않았다.				
39	형제나 자매와 심하게 싸웠다.				
40	친구로부터 무례한 행동을 당했다.				
41	마음에 맞는 친구를 사귈 수 없었다.				
42	교수가 나의 인격을 무시했다.				
43	교수의 강의가 산만해서 요점을 파악하기가 어려웠다.				
44	교수로부터 생활에 필요한 지혜와 안목을 얻을 수 없었다.				
45	확고한 인생관이 없어서 방황했다.				
46	이상과 현실 간의 격차 때문에 갈등을 경험했다.				
47	공부해야 할 내용이 너무 많았다.				
48	성적이 나쁘다.				
49	전공 공부가 적성에 맞지 않았다.				
50	중요한 시험을 잘 치지 못했다.				

출처: 전겸구, 김교헌, 이준석(2000). 개정판 대학생용 스트레스 척도 개발 연구. 한국심리학회지: 건강, 5(2), 316-335.

구분	장래 문제		연인과의 문제		경제 문제		가족과의 관계		친구와의 문제		교수와의 관계		가치관 문제		학업 문제	
문항	1		5		9		13		16		19		22		25	
	2		6		10		14		17		20		23		26	
	3		7		11		15		18		21		24		27	
	4		8		12		37		40		42		45		47	
	28		32		34		38		41		43		46		48	
	29		33		35		39				44				49	
	30				36										50	
	31															
합계																

1. + 2. + 3. = 현재 나의 스트레스들

2. 나의 스트레스 관리

대학생 시기의 스트레스 관리

최근 한 취업포털업체가 남녀 대학생 및 직장인 1,306명을 대상으로 '취업 스트레스 정도와 해소법'에 대한 설문 조사를 실시한 결과, 대학생 729명 중 71.6%(복수 응답)가 '현재 가장 고민은 진로 및 취업'이라고 응답했으며, 이어 '등록금 및 용돈 등 금전 문제' (25.4%), '학점 관리'(18.5%), '가족 및 교우관계 고민'(12.9%) 등의 순이었다. 스트레스로 인한 증상(복수 응답)으로는 '이유 없는 우울증'을 겪고 있다는 응답이 45.5%으로 가장 많으며, 만성피로 증상도 응답률 40.1%로 많았다. 이 밖에 편두통(26.7%)과 소화불량(17.9%), 거북목·손목 통증(15.1%), 어깨 결림(11.4%), 대인기피증(7.5%) 등을 호소하는 경우도 있었다. 반면 학생들에게 스트레스 해소를 위해서 무엇을 하는지 질문한 결과(복수 응답) '맛있는 것을 먹거나 폭식을 하는 등 먹는 걸로 해결한다'(45.5%)가 가장 많았다. 이어 '영화나 공연, TV 등을 보면서 잠깐 취업 생각을 잊는다'(35.9%), '빨리 취업하도록 노력한다'(32.3%), '주위 사람들에게 상담을 한다'(22.5%), '술을 마신다'(17.5%) 등의 순이었다(한국일보, 2017. 3. 31.). 이러한 설문조사를 종합해 보면, 대학생들이 여러 가지 이유로 스트레스 증상을 경험하면서도 이를 해소할 마땅한 방법은 없는 것을 알 수 있다.

대학생 시기는 이전과는 다른 발달과업을 성취해야 하는 시기로, 학업 문제, 대인관계 문제, 경제적 문제, 취업 문제 등 다양한 스트레스 상황에 놓이게 되므로 스트레스를 제대로 관리하는 것이 무엇보다 중요하다. 따라서 대학생 시기 스트레스에 대해 효과적으로 대응하고, 부정적인 영향을 최소화하기 위하여 우리가 평소 알지 못했던 스트레스에 대하여 다각도로 살펴볼 필요가 있다.

스트레스의 두 얼굴

삶을 살아가면서 스트레스를 전혀 받지 않고 살아갈 수는 없다. 피한다고 피할 수 있는 것도 아니다. 스트레스는 우리 삶에서 떼려야 떼어 낼 수 없는 존재이며 평생 나와 함께할 동반자이다. 여기에서 우리가 주목할 점은 스트레스가 부정적인 결과만을 초래하는 것은 아니라는 점이다. 스트레스는 자신의 향후 삶에 더 긍정적으로 도움이 될 수 있는 좋은 스트레스(유스트레스: eustress)와 자신의 대처와 적응에도 불구하고 불안이나 우울 등의 부정적인 영향을 줄 수 있는 나쁜 스트레스(디스트레스: distress)로 나뉜다. 좋은 스트레스는 스트레스의 원인을 해결할 수 있는 힘을 주고 복잡한 문제에 대한 긍정적인 해결책을 발견하게 한다. 또한 감정적이거나 즐거운 경험을 제공하여 삶에 의미와 활력을 얻을 수 있게 한다. 결국 스트레스를 부정적으로 받아들이면 질병으로 이어지지만, 긍정적으로 받아들이면 행복해질 수 있다.

미국의 심리학자 라자러스(Lazarus) 박사는 "사람에 따라 좋은 스트레스로 작용하느냐, 나쁜 스트레스로 작용하느냐는 스트레스 요인에 대한 인지적 평가에 따라 달라질 수 있다."고 밝히고 있다. 스트레스를 내 아군으로 만들 것인지, 적군으로 만들 것인지는 스스로의 선택에 달려 있는 것이다. 스트레스 받는 자체를 거부하기보다는 나쁜 스트레스를 삶에 도움이 되는 좋은 스트레스로 인지하거나, 나쁜 스트레스 자체를 이해하고 받아들이는 마음 자세와 더불어 스트레스 해소를 위한 융통성이 필요하다.

이를 위해서는 먼저, 현재 자신이 스트레스를 받고 있는지 지각하고 있어야 한다. 항상 자신의 몸과 마음에 주의를 기울이고, 미세한 변화에도 민감하게 반응하여 스트레스를 감지해야 한다. 스트레스를 받고 있다면 스트레스 요인과 증상에 대해 구체적으로 살펴봐야 한다. 둘째, 스트레스의 요인과 증상에 따라 자신이 경험하는 스트레스가 나쁜 스트레스인지, 좋은 스트레스인지 판단하고, 그에 따라 적절한 대처를 해야 한다. 좋은 스트레스라면 그 힘을 바탕으로 스트레스 상황을 잘 처리하여 스스로 성장하는 기쁨을 맛보게 될 것이고, 나쁜 스트레스라면 스트레스 해소 방법을 적극 활용하여 스트레스 상황에 강력하게 대처할 수 있도록 해야 한다.

내가 경험하고 있는 좋은 스트레스와 나쁜 스트레스를 정리해 보자. 스트레스의 긍정 또는 부정의 평가를 위해서는, 자기 스스로 현재의 어려움을 넘어서 예상되는 미래의 결과를 예견해 보는 과정이 필요하다. 향후 나에게 분명 도움이 될 스트레스라면 자신의 스트레스 목록에서 일부는 그 무거움이 덜어지고 조금은 여유 있게 바라볼 수 있을 것이다.

스트레스의 두 얼굴	
좋은 스트레스(Eustress)	나쁜 스트레스(Distress)

스트레스 대처 방식

스트레스 상황에서 개인에게 부담이 되거나 자신이 소유한 자원을 넘어섰다고 평가되는 특정한 내적 · 외적 요인을 관리하고자 계속적으로 변화하는 인지적 · 행동적 노력을 스트레스 대처 방식이라고 한다(Lazarus & Folkman, 1984).

나는 주로 스트레스 사건이나 상황을 어떻게 다루려고 하는가? 스트레스 상황이나 내용에 따라 정서 중심적으로 대처하는 경우도 있으며, 문제 중심적으로 대처할 때도 있을 것이다. 최근에 가장 스트레스 받았던 상황을 떠올려 보고, 그 일을 다루기 위해서 어떠한 노력을 기울이는지 체크해 보자.

구분	내용	체크 (YES or NO)
정서 중심적 대처	아무 일도 없었던 것처럼 행동한다.	Y or N
	시간이 지나면 달라질 것이라고 생각한다.	Y or N
	그 일을 심각하게 받아들이지 않고 무시해 버린다.	Y or N
	내가 처한 지금의 상황보다 더 좋은 경우를 상상하거나 공상한다.	Y or N
	마음이 괴롭더라도 내 감정을 표현하지 않고 혼자서 해결한다.	Y or N
	기적이 일어나기를 바란다.	Y or N
	모든 것을 잊어버리려고 노력한다.	Y or N
	평상시보다 오래 잔다.	Y or N
	담배를 피거나 술을 마시면서 기분을 전환한다.	Y or N
	문제를 일으킨 상대나 상황으로 탓을 돌린다.	Y or N

구분	내용	체크 (YES or NO)
문제 중심적 대처	자신을 돌아보고 반성하는 시간을 갖는다.	Y or N
	문제 발생 원인을 분석한다.	Y or N
	긍정적인 결과를 얻기 위해 협상을 시도한다.	Y or N
	다음에 어떻게 해야 할 것인지에 대해 전념한다.	Y or N
	그 문제를 해결하기 위해 구체적인 활동 계획을 세운다.	Y or N
	시간을 좀 더 효율적으로 사용할 수 있도록 계획한다.	Y or N
	즉시 문제를 해결하기 위한 행동을 취한다.	Y or N
	자신만의 중심을 잡고 꿋꿋이 버틴다.	Y or N
	인생에서 중요한 것이 무엇인지 재발견한다.	Y or N
	내가 바라는 결과가 나오지 않으면, 그다음 차선책이라도 받아들인다.	Y or N

　　스트레스 대처 방식에는 정서 중심적 대처와 문제 중심적 대처로 구분할 수 있다(Lazarus & Folkman, 1984). 정서 중심적 대처란 문제에 대한 정서 반응을 조절하는 것으로써, 사건의 의미를 직접 변화시키지는 않고 고통을 감소시키려는 방식을 말한다. 스트레스 상황을 직접 통제하기보다 회피, 최소화, 거리 두기, 부정적 사건에서 억지로 긍정적 가치 찾기, 긍정적 비교 등의 방법을 통하여 감정을 관리한다. 문제 중심적 대처는 고통을 일으키는 문제를 다스리거나 변화시키는 방향으로 지향된 대처를 말한다. 즉, 문제를 규정하고 대안적 해결책을 찾아 이득과 부담을 평가한 후 대안들 중에서 특정 대안을 선택하여 행동하는 것을 의미한다.

이러한 두 가지 대처 방식 중 한 가지 대처 방식만이 무조건 옳다고 할 수 없다. 또한 한 가지 대처 방식으로 인해 매번 동일한 결과만이 발생하는 것은 아니며, 경우에 따라서는 두 가지 방식을 함께 사용할 경우 스트레스 대처에 효과적일 수도 있다. 즉, 어느 특정한 대처 방식만이 반드시 옳은 방법이라고 단정 지을 수 없으며, 나 스스로 스트레스 상황을 해결하기 위하여 어떠한 대처 방식을 사용하는지 아는 것이 필요하다.

여기에서 중요한 점은, 스트레스 상황에 잘 대처하기 위해서는 자신만의 구체적인 스트레스 해소 방법을 알고 잘 활용할 수 있어야 한다는 것이다. 스트레스를 제대로 해소해야만, 정신적·육체적 안정 상태에 가까워져 자신의 문제를 객관적으로 바라보고 그에 따른 원인과 해결책을 찾을 수 있다. 스트레스는 해소하기 나름이다. 요리를 할 때, 그 요리의 레시피에 따라 완성된 요리의 맛은 달라진다. 스트레스 해소도 마찬가지이다. 스트레스를 해소하는 다양한 방법을 알고, 나에게 맞게 제대로 활용할 때 스트레스를 잘 관리할 수 있다.

스트레스 종합 보고서

최근에 받은 스트레스의 발생 요인(원인)과 그에 따른 증상(반응)은?	
평소의 스트레스 대처 방식은? (정서 중심적 대처 방식 혹은 문제 중심적 대처 방식)	
좋은 스트레스(Eustress)로 생각될 때 대처 방식은?	
나쁜 스트레스(Distress)로 생각될 때의 대처 방식은?	

내게 맞는 이색 스트레스 해소 방법은?

YES ➡ NO ➡

집순이, 집돌이다.	만화책과 만화영화가 유치하다.	즐겨 하는 운동이 있다.	거울을 자주 본다.
한식보다는 양식이다.	로또에 당첨되면 저축을 할 거다.	샤워할 때 머리부터 감는다.	배고프면 포악해진다.
경쟁에서 지면 분해서 잠을 못 잔다.	팀원과 함께 일하는 게 좋다.	나는 솔로이다.	나의 이상형은 확실하다.
A	B	C	D

A. 승부사	B. 좋은 게 좋아	C. 피곤해	D. 고집쟁이
평소에도 승부욕이 강한 당신	혼자보다는 사람들과 함께하는 것이 즐거운 당신	사람들에게 지쳐 혼자가 편해진 당신	주관이 뚜렷하고 뜻대로 안 되면 화가 나는 당신
미국 라스베이거스에서 레이싱으로 스트레스 해소 어떠세요?	스페인에서 펼쳐지는 토마토 싸움을 추천합니다.	잠시 모든 걸 내려 두고 휴식을 취하는 게 어떠세요?	방에 있는 물건을 부수고 스트레스를 해소하는 스트레스 해소방을 추천합니다.

출처: 한화생명 공식 블로그 Life n Talk. 힘들 때 참지 말자, 직장인 스트레스 탈출!

나의 스트레스 해소 방법

◈ 나만의 스트레스 해소 방법을 문장이나 키워드로 적어 보자.

◈ 나만의 스트레스 해소 방법이 안전한 방법(자신 및 타인에게 정신적 · 신체적 해를 끼치지 않는 방법)인지, 안전하지 않은 방법(자신과 타인에게 정신적 · 신체적 해를 끼치는 방법)인지 구분해 보자.

안전한 방법	안전하지 않은 방법

3. 나의 새로운 스트레스 관리

스트레스 해소하는 방법은 사람마다 다양하다. 일반적으로 성격에 따라서 활동적인 방법이나 정적인 방법을 선호도에 따라서 사용한다. 각자 나름대로 스트레스 해소 방법이 있지만, 그중에서도 나에게 맞는 스트레스 해소 방법을 알고 활용하는 것이 중요하다. 평소 내가 스트레스를 받을 때 해소하는 방법 이외에 다음의 스트레스 해소 방법 46가지를 참고하자. 채우고 비우기, 표현하고 멈추기, 혼자하고 함께하기 등의 방법을 통해 자신만의 스트레스 관리 방법을 익혀 보자. 어떠한 방법으로 해소하느냐에 따라 스트레스 상황에 대처하는 나의 태도는 달라진다.

	스트레스를 해소하는 46가지 레시피
채우기	① 물 마시기, ② 맛있는 음식 먹기, ③ 다크 초콜릿 먹기, ④ 차 마시기, ⑤ 견과류 먹기, ⑥ 채소와 과일 먹기, ⑦ 적당한 양의 단백질 섭취하기, ⑧ 매 끼니마다 복합탄수화물 섭취하기, ⑨ 기분 좋아지는 계획 잡기, ⑩ 취미 활동하기
비우기	① 술과 담배 끊기, ② 나쁜 음식 멀리하기, ③ 주변 정리하기
표현하기	① 글로 표현하기, ② 일기 쓰기, ③ 큰 소리로 웃기, ④ 소리 내서 울기, ⑤ 노래 부르기, ⑥ 햇살 맞으며 산책하기, ⑦ 맨손체조하기, ⑧ 규칙적인 운동하기, ⑨ 여행 가기
멈추기	① 음악 감상하기, ② 반신욕하기, ③ 낮잠 자기, ④ 충분히 숙면 취하기, ⑤ 근육 이완하기, ⑥ 복식 호흡하기, ⑦ 명상하기, ⑧ 편안한 이미지 떠올리기, ⑨ 멍 때리기

혼자 하기	① 혼자 있기, ② 자신만의 스트레스 프리존 만들기, ③ 독서하기, ④ 영화 보기, ⑤ 향기치료 활용하기, ⑥ 관점 바꾸기, ⑦ 일에 몰두하기, ⑧ 긍정적 태도 갖기
함께하기	① 반려동물 키우기, ② 연인과 키스하기, ③ 가족이나 친구와 고민 나누기, ④ 친구와 수다 떨기, ⑤ 친구 만나기, ⑥ 일 나누어 가지기, ⑦ 전문가의 도움 받기

채우기

- 물 마시기 : 스트레스는 탈수 현상을 초래한다. 갈증이 날 때는 이미 탈수가 진행 중이라는 신호이다. 물은 몸속의 독소를 배출하고 수분을 보충해 주므로, 스트레스 상황이라면 물을 자주 마시자.

- 맛있는 음식 먹기 : 맛있는 음식을 먹으면서 스트레스도 풀고 새로운 엔도르핀을 생성시켜 보자. 단 스트레스를 해소하기 위해 갑자기 폭식을 하거나 술을 자주 마시는 행동은 주의해야 한다.

- 다크 초콜릿 먹기 : 카카오 함량이 70% 이상인 다크 초콜릿은 스트레스 해소에 효과가 탁월하다. 다크 초콜릿의 주성분인 폴리페놀은 활성산소의 활동을 억제하며, 스트레스 호르몬인 코르티솔을 감소시키는 역할을 한다.

- 차 마시기 : 녹차의 테아민 성분이 긴장을 완화시키며, 캐모마일은 신경 안정, 페퍼민트는 정신적 피로와 우울증 개선, 라벤더는 피로 해소와 긴장감 완화, 제라늄은 신경을 안정시키는 데 좋다. 그 외 홍차와 대추차도 스트레스 감소에 효과적이다.

- 견과류 먹기 : 견과류에는 마그네슘이 풍부한데, 이들은 스트레스에 반응하여 분비되는 코르티솔 수치를 조절한다. 아울러 긴장된 근육을 풀어 주는 데 도움이 된다.

- 채소와 과일 먹기 : 과일과 녹황색 채소는 비타민과 미네랄을 공급해 줌으로써 스트레스로 인한 부작용을 억제하는 데 도움이 된다. 특히, 브로콜리는 칼슘, 설포라판(황산화 기능에 뛰어남), 엽산이 풍부해 효과가 좋으며 시금치 역시 스트레스 해소에 좋은 마그네슘과 엽산이 풍부하다.

- 적당한 양의 단백질 섭취하기 : 콩, 생선, 껍질 벗긴 닭고기 같이 지방이 적은 단백질 식품을 섭취한다. 단백질이 풍부한 음식은 뇌의 기능을 활발히 해 주는 필수아미노산을 공급해 준다. 생선은 오메가3가 풍부해 스트레스 감소에 효과적이다.

- 매 끼니마다 복합탄수화물 섭취하기 : 곡류(특히 현미), 감자, 고구마, 바나나, 사과와 같은 복합탄수화물은 스트레스를 감소시키는 역할을 한다. 뇌 속의 세로토닌 수치를 증가시켜 기분을 좋게 한다. 특히, 바나나는 근육 이완에 좋은 칼륨 함량이 높고, 세로토닌 분비를 촉진하는 트립토판이 풍부하다. 단, 복합탄수화물 과잉 섭취로 잉여 칼로리가 생기지 않도록 주의한다.

- 기분 좋아지는 계획 잡기 : 이번 주 주말 또는 올 여름 휴가 계획을 세워 보는 것도 기분이 좋아지는 한 가지 방법이다. 기분 좋은 상상으로 스트레스를 떨쳐 버릴 수 있다.

- 취미 활동하기 : 매일 반복되는 일상이 지겹고 스트레스 받는다면, 자신만의 취미를 만드는 것이 필요하다. 취미생활을 잘 활용하면 스트레스도 풀 수 있고, 취미를 통해 성장하는 나를 발견할 수 있다.

비우기

- 술과 담배 끊기 : 술, 담배는 스트레스 해소 방법이 아니다. 담배는 그저 니코틴에 중독된 나쁜 습관이며 술도 혈액 순환에 도움이 되지만 과음을 할 경우 몸만 망가질 뿐이다.

- 나쁜 음식 멀리하기 : 밀가루 음식은 글루텐이 들어 있어 위장 장애를 일으키고 면역 기능을 저하시킬 수 있어 스트레스 상황에서 피하는 것이 좋다. 짠 음식은 혈압을 상승시키고 칼슘 흡수를 방해해 불안감을 유발할 수 있으므로 피해야 한다.
- 주변 정리하기 : 스트레스 받고, 머리가 복잡한가? 그렇다면 주변을 둘러보고 어지럽혀진 곳이나 물건이 있다면 먼저 정리해 보자. 주위가 정리되면서 복잡했던 머리도 정리가 된다.

표현하기

- 글로 표현하기 : 생각이 엉키고 감정이 불안정할 때는 자신의 생각과 감정을 노트에 글로 표현하는 것이 도움이 된다. 이때 구체적인 상황과 그때 떠오른 생각이나 감정 등을 자세히 적어야 한다. 글로 적다 보면 조금씩 감정이 차분해지며, '내가 왜 이렇게 스트레스 받고 있지?' 라고 생각될 정도로 간단한 문제임을 발견할 수도 있다. 또한 나를 힘들게 하는 것이 무엇인지도 알 수 있는 좋은 방법이다.
- 일기 쓰기 : 일기를 쓰는 과정을 통해 스트레스가 해소되고, 앞으로 다짐도 하게 되고 일석이조의 효과를 볼 수 있다. 힘든 일을 쓰다가도 마지막에는 구체적인 목표, 희망적인 말로 마무리 짓도록 하자. 또한 과거에 썼던 내용을 읽어 보면서 나를 돌이켜 보는 시간을 가질 수 있으며, 자신이 어떤 상황에서 스트레스를 많이 받았는지 알 수 있어 비슷한 상황을 예방하는 효과도 있다.
- 큰 소리로 웃기 : 웃으면 복이 온다는 말이 있다. 30초간 크게 웃고 웃음으로 긴장을 완화시켜 보자. 온몸으로 크게 웃으면, 혈액순환이 두 배 이상 증가해 스트레스와 피로가 풀린다. 그리고 많이 웃으면 자연 면역력이 증가하여 건강해진다. 평소에도

즐거운 생각을 많이 하고 많이 웃는 습관을 기르자.

- 소리 내서 울기 : 너무 속상해서, 너무 슬퍼서, 너무 우울해서 눈물이 나지만, 그 눈물을 애써 삼키는 경우가 있다. 이럴 때일수록 울음을 참지 말고, 소리 내서 펑펑 우는 것도 좋은 방법이다. 실컷 울고 나면 한결 후련하고 가벼운 마음을 느낄 수 있다. 울음은 스트레스에 대항하는 타고난 방어 기능이다. 절망적인 생각이 들 때면 소리 내어 엉엉 울면서 스트레스를 해소할 수 있다.

- 노래 부르기 : 노래 부르기는 자신의 감정을 흘려보낼 수 있는 좋은 스트레스 해소법이다. 길을 걸으면서 나지막이 속삭이듯 노래를 부르거나 노래방에 가서 크게 노래를 불러도 좋다. 노래와 함께 몸도 신나게 흔들어서 스트레스를 날려 버리자.

- 햇살 맞으며 산책하기 : 따뜻한 햇살을 맞으며 걸어 보자. 느긋한 기분으로 한가로이 거닐며, 주변 환경을 둘러보는 것만으로도 스트레스 완화에 도움이 될 수 있다. 강아지를 키운다면 강아지와 함께 산책하는 것도 좋은 방법이다.

- 맨손 체조하기 : 지금 당장 산책하기 힘들다면, 가벼운 맨손체조도 좋다. 몸을 가볍게 움직이면 세로토닌 호르몬이 잘 분비된다. 일명 행복 호르몬이라고 불리는 세로토닌 호르몬은 스트레스로 분비되는 노르아드레날린이나 도파민의 작용을 억제하고, 마음을 안정시켜 주는 역할을 한다.

- 규칙적인 운동하기 : 규칙적인 운동은 건강 유지를 위해 필요할 뿐만 아니라 스트레스를 퇴치하는 데도 효과가 있다. 운동은 갖가지 스트레스성 질병에 대한 저항력을 키우는 데도 도움이 되며, 통제력과 성취감을 통해 자신감을 배양한다. 유산소 운동을 통해 땀을 낼 경우 혈액순환이 원활해지고 그로 인해 진정 효과를 볼 수 있다. 수영, 골프, 자전거 등 동적인 운동과 명상 또는 요가 같은 정적인 운동을 균형 있게 하면 신체의 긴장과 이완 효과를 얻을 수 있다. 단, 무리한 운동은 오히려 근육을 긴장시켜 스트레스를 가중시킬 수 있으니 주의해야 한다.

- 여행 가기 : 여행은 그 자체만으로도 행복하고 즐거운 일이다. 여행 가서 할 수 있는 모든 행동을 통해서 자유를 얻을 수 있다. 가능한 사진도 많이 찍어 두자. 여행 후 사진을 보면서 여행을 추억하면서 또 한 번의 즐거움을 경험할 수 있다. 여행하는 동안만큼은 일상에서의 각종 스트레스를 잊고 기분 전환할 수 있다.

멈추기

- 음악 감상하기 : 내 취향에 맞는 음악을 듣다 보면 마음이 편안해진다. 다른 활동을 하면서 듣기보다 잠깐이라도 멈춰서 눈을 감고 음악에 집중해 보자. 음악은 면역력을 증가시키고 스트레스 호르몬인 코르티솔 수치를 낮추어 준다.
- 반신욕 하기 : 따뜻한 물에 몸을 담그고 있으면, 몸이 노곤해지고 마음의 안정을 찾을 수 있다. 만약 반신욕이 힘들다면 족욕이나 간단한 샤워를 통해서도 스트레스를 낮추는 경험을 할 수 있다.
- 낮잠 자기 : 30분 정도의 짧은 낮잠은 면역체계를 돕고 스트레스 해소에 효과가 있다. 낮잠은 밤에 자는 수면보다 피로 회복에 더욱 탁월해 좋은 컨디션을 이끌 수 있다.
- 충분히 숙면 취하기 : 스트레스를 받았다면 깊은 잠에 빠져 보자. 밤에 편안한 숙면을 취해야 활력을 되찾고 건강한 삶을 살 수 있으며, 만성통증도 줄일 수 있다.
- 근육 이완하기 : 하던 일을 멈추고 조용한 곳에 앉아서 예정된 순서에 따라(예를 들어, 오른손, 오른팔, 오른쪽 어깨 등) 모든 근육 집단이 풀릴 때까지 계속해서 서로 다른 근육 집단을 몇 초씩 웅크렸다 풀었다 해 보자. 스트레스로 뭉쳤던 근육이 풀어지면서 한결 몸과 마음이 가벼워질 것이다.

- 복식 호흡하기 : 스트레스가 쌓여 있을 때는 배로 호흡을 하는 복식호흡(腹式呼吸)이 중요하다. 복식호흡은 보다 많은 공기를 폐로 전달해 근육을 이완시키고 각 기관에 산소를 충분히 공급해 준다. 깊은 복식호흡을 몇 차례 실시하면 스트레스, 긴장, 불안 등에 효과가 나타난다. 숨을 들이마실 때는 배를 내밀면서 코로 천천히 들이마셨다가, 숨을 참고 3~5초 정도 잠시 정지한다. 숨을 내쉴 때도 역시 천천히 배를 집어넣으면서 숨을 치아 사이로 조금씩 끊어서 내쉰다.

- 명상하기 : 강박적 사고나 부정적인 사고 패턴을 없애거나 최소화할 때 가장 빠른 방법은 명상이다. 하던 일을 잠시 멈추고 명상을 하다 보면, 어느새 마음이 편해지고 차분해지는 것을 느낄 수 있다. 하루에 10분이나 20분 정도 아침과 저녁에 한 번씩, 너무 피곤하지 않을 때 시간을 내는 것이 좋다. 단, 식후나 졸음이 올 수 있는 시간대는 피해야 한다. 쉽고 빠르게 명상을 할 수 있는 방법은, 첫째, 허리를 곧게 펴고 의자나 바닥에 앉는다. 둘째, 눈을 감고 호흡에 집중한다. 셋째, 좋든 나쁘든 생각이 떠오르면 그 생각이 떠오른 것에 감사하면서 놓아 준다. 넷째, 다시 호흡에 집중한다. 다섯째, 정신과 마음이 편안한 상태를 유지한다. 이러한 명상 상태를 통해서 스트레스 상황에 대한 새로운 관점이 떠오를 수 있다.

- 편안한 이미지 떠올리기 : 등을 곧게 펴고 편안한 자세로 앉아 자신의 자연적인 리듬에 호흡의 흐름을 맡긴다. 눈을 감고 산, 초원, 계곡, 바다와 같은 평화로운 장면에서 자신이 휴식을 취하고 있는 장면을 떠올려 보자. 편안한 이미지를 통해 심리적 안정을 되찾을 수 있을 것이다.

- 멍 때리기 : 중국 등 해외로 수출되고 있는 멍 때리기 대회. 멍 때리기를 하다 보면, 맥박, 심박수는 낮아진다. 즉, 긴장이 풀리고 몸의 피로가 줄어드는 것이다. 뇌의 대부분도 활동을 줄이지만, 전전두엽, 측두엽, 두정엽 부위는 오히려 전보다 활성화된다. 겉보기에는 아무것도 하지 않고 멈춘 듯이 보이는 동안, 뇌는 입력했던 정보를 정리하고 불필요한 것을 지워 새로운 생각을 하는 환경을 만들어 준다. 기억력을 높이고 새로운 생각을 하기 위해서는 하루 15분 정도 뇌를 쉬게 하는 것도 좋은 방법이다.

혼자 하기

- 혼자 있기 : 혼자만의 시간을 갖는 것 또한 스트레스를 해소하는 한 가지 방법이다.

  요즘처럼 대인관계로 스트레스를 많이 받는 경우 혼자만의 적당한 시간을 갖는 것은 매우 중요하다.

- 자신만의 스트레스 프리존 만들기 : 스트레스를 받을 때, 혼자만의 공간에서 마음의 안정을 찾을 수 있다. 그 공간이 화장실이 될 수도 있고, 도서관 한쪽 구석이 될 수도 있다. 나만의 스트레스 프리존을 만들어 휴식처로 삼아 보자.

- 독서하기 : 많은 사람이 책에서 고민에 대한 해답을 찾기도 한다. 실제로 책을 읽으면 심박수가 낮아지고 근육의 긴장이 풀려 스트레스가 해소된다. 감성적인 시집이나 힐링 서적을 통해 위로를 받을 수 있다.

- 영화 보기 : 내가 좋아하는 영화 취향은 무엇인가? 눈물이 펑펑 쏟아지는 슬픈 영화, 뒤로 넘어가면 웃을 수 있는 코미디 영화, 가슴이 후련해지는 액션 영화? 어떤 영화를 보든 영화를 보는 동안 스트레스가 감소되고, 앞으로 나아갈 힘을 얻을 수 있을 것이다.

- 향기치료 활용하기 : 아로마 요법은 자신이 좋아하는 향을 맡으며 호르몬 밸런스를 조절하여 스트레스를 효율적으로 풀 수 있는 훌륭한 스트레스 해소법이다. 상쾌한 향은 기분을 좋아지게 하고, 시원한 향은 기분을 안정시키고, 은은한 향은 불안감을 해소시켜 준다. 스트레스 때문에 머리가 아픈 경우 레몬그라스를 사용해 보자. 레몬그라스는 두통을 사라지게 하는 정화 효과가 있다.

- 관점 바꾸기 : 어려운 사건이 일어났을 때 문제라고 생각하지 말고 새로운 기회라고 생각해 보자. '무엇 때문이' 아니라 '무엇 덕분에' 일이 흘러간다고 시선을 바꾼다면 자연스레 마음가짐 또한 변할 것이다.

- 일에 몰두하기 : 역설적으로 들릴 수 있지만, 일에 몰두함으로써 오히려 일에서 벗어날 수 있다. 칙센트미하이(Mihaly Csikszentmihalyi) 박사는 '몰입'은 자신의 일에 충실하면서 희열을 느낄 수 있는 방법이며 궁극적으로 세상을 바꾸는 계기가 된다고 한 바 있다. 자신의 일에 몰두하면서 집중력과 즐거움도 찾고 스트레스 해소에도 도움을 받을 수 있다.
- 긍정적 태도 갖기 : 피할 수 없으면 즐겨라. 가장 강력한 스트레스는 육체보다 정신에서 온다. 상황에 집착하지 말고 자신의 마음을 변화시키는 노력을 해 보자. 긍정적인 성격이 스트레스를 극복할 수 있다. 똑같은 일이 닥쳤을 때 부정적으로 생각하는 사람이 더 많은 스트레스를 받는다. 생각하는 것도 하나의 습관이므로 노력 여부에 따라 변화될 수 있다.

함께하기

- 반려동물 키우기 : 반려동물은 사람에게 생기를 불어넣어 주며 고독을 덜어 준다. 한 실험에 의하면 반려동물이 곁에 있으면 마음이 평온해지기 때문에 맥박이나 혈압이 내려간다고 한다. 반려동물을 키우는 것도 스트레스 해소에 좋은 방법이다.
- 연인과 키스하기 : 한 연구 결과에 따르면, 연인들이 15분간 키스를 하면 스트레스 호르몬인 코르티솔 수치가 낮아지는 것으로 나타났다. 사랑의 힘으로 스트레스를 극복할 수 있다.
- 고민 나누기 : 스트레스 받는 상황에 대해 가족이나 친구에게 이야기를 해 보자. 입 밖으로 고민을 내뱉음과 동시에, 고민의 무게는 가벼워지고 상대의 조언도 얻을 수 있다.
- 친구와 수다 떨기 : 스트레스 받고 기분이 우울하다면, 친한 친구에게 전화를 걸어 보자. 가볍고 재미있는 주제를 이야기하다 보면, 어느새 우울한 기분은 사라지고 활력을 되찾게 된다.

- 친구 만나기 : 내가 좋아하는 친구와 만나는 것 자체가 힐링이 될 수 있으며, 힘든 일을 극복할 수 있는 힘을 얻게 된다.
- 일 나누어 가지기 : 이 일은 나밖에 할 사람이 없다고 생각하는 사람은, 쉽게 지치고 스트레스를 많이 받는다. 혼자서 모든 것을 떠맡으려는 습관에서 벗어나야 한다. 일을 남에게 위임하거나 도움을 청하면 과중한 업무로 인한 스트레스를 덜 수 있다.
- 전문가의 도움 받기 : 혼자 힘으로 스트레스를 극복하기 힘들거나 가족이나 친구에게 말 못할 심각한 문제가 있다면, 상담사나 정신과 의사와 같은 전문가를 찾아가 도움을 받는 것도 하나의 방법이다. 신체적 질병을 예방하고 치료하기 위해 병원을 방문하듯, 정신건강을 지키기 위해서도 전문가의 도움이 필요하다.

　　나만의 스트레스 해소 방법을 익히고 스트레스 상황에 잘 대처하는 것이 행복을 증진시키고 풍요로운 삶을 사는 데 도움이 된다. 건강하고 행복하게 자신만의 인생을 설계하고 살아가기 위해서는, 끊임없이 변화하는 환경에서 스트레스를 적절히 활용하는 것이 중요하다. 지금부터 삶에 긍정적인 역할을 하게 될 스트레스와의 즐거운 만남을 기대해 보자.

스트레스 해소 방법 월드컵

◈ 앞서 제시된 총 46가지의 스트레스 해소 방법들과 평소 사용하는 스트레스 해소 방법 중에서 나에게 가장 적합한 스트레스 해소법
을 찾아보자.

3ON action plan

구분	내용
ON Self-Reflection 자아성찰	※ [과거] 이 활동을 하기 전까지의 나는?
ON Realistic Goal 현실목표	※ [현재] 지금의 나는?
ON New Movement 대안실행	※ [미래] 나의 미래를 위해 지금부터 새롭게 실천해야 하는 것은?
지금 나의 점수는?	① ② ③ ④ ⑤ ⑥ ⑦ ⑧ ⑨ ⑩ 점

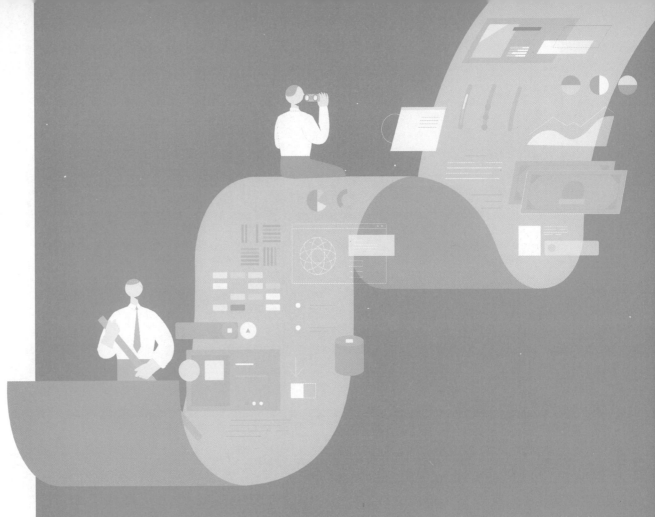

Chapter

9

나의
인간관계

사람이 살아가면서 진지한 인간관계를 갖기 위해서는
관계를 맺을 뿐만 아니라 관계를 끊는 능력이 있어야 한다.

– 앨빈 토플러 –

친구야, 돈 좀 빌려 줘

절실하게 돈이 필요한 순간, 내 주위에 돈을 빌려 줄 친구는 누구인가?	
나는 친구들과의 관계에서 어떤 위치에 있는 친구인가?	

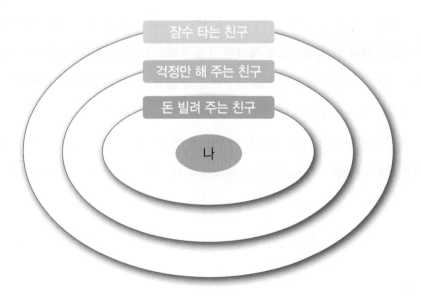

1. 인간관계란

인간관계란 무엇인가?

인간은 누구나 행복하고 성공적인 삶을 살기를 원한다. 이러한 삶을 위해 가장 필요한 요인 중 하나가 '인간관계'이다. 인간관계란 좁은 의미에서는 '사람과 사람 간의 관계'를 뜻하며, 넓은 의미에서는 '한 사람의 관심과 이해가 다른 사람과 겹치거나 혹은 대립되거나, 공유되는 모든 인간의 삶과 관련된 제반 문제'라 할 수 있다. 즉, "인간과 인간 사이의 원만한 조화나 화합을 통해 보다 나은 상태를 유지하기 위한 과정과 내용"을 인간관계라고 정의할 수 있다(이영실, 임정문, 유영달, 2011).

우리는 한평생 수많은 인간관계 속에서 살아간다. 특히, 현대인이 형성해야 하는 인간관계는 과거에 비해 그 대상과 관계 유형이 다양해지고 복잡해졌다. 부모-자녀 간의 혈연으로 형성된 가족 관계, 사랑을 통하여 애인이나 연인 혹은 배우자를 만나서 형성된 낭만적 또는 성적 관계, 친구 사이의 우정을 기초로 형성된 친구 관계, 주로 일을 함께 하게 되는 직장 동료 및 선후배, 상사 부하, 동아리 회원 등 사무적이고 업무적인 관계로 형성된 작업적 관계로 나눌 수 있다(유영달 외, 2013).

이 네 가지 영역은 우리 삶에 주요한 인간관계 영역이며, 이러한 네 가지 영역 중 어느 한 영역의 인간관계가 결핍되어 있거나 불만족스러울 때 고독을 느끼게 된다(Schmidt & Sermat, 1983). 따라서 우리가 행복한 삶을 살기 위해서는 네 영역이 골고루 균형 있게 형성될 수 있도록 해야 한다.

대학생 시기 인간관계의 어려움

인간은 한 대상과만 관계를 맺고 유지하는 것이 아니라, 끊임없이 새로운 여러 대상과 관계를 형성하며 살아가야 한다. 인생의 여러 시기 중, 특히 대학생 때는 중·고등학생 때와는 다른 인간관계의 변화를 경험하게 된다. 인간관계의 폭이 넓어짐과 동시에 관계의 질이 변화한다. 중·고등학교 시기는 매일 같은 장소에서 비슷한 일상을 함께하며 사람들과 관계를 한다. 그러나 대학교 시기는 출신 학교나 지역도 다양하고, 무엇보다 성격과 성향이 제각각인 사람들과 관계를 해야 한다. 처음 대학에 들어가면 학과 친구들을 어떻게 사귀어야 할지, 선후배 관계는 어떻게 해야 할지, 교수님이나 학교 밖 어른들에게는 어떻게 대해야 할지, 또 아르바이트 등을 통해 업무적으로 형성된 인간관계는 어떻게 해야 할지 누구나 한 번쯤 고민에 빠진다. 특히, 내성적이거나 사회성이 부족하여 사람들에게 먼저 다가가는 것이 서툰 경우라면 더 많은 어려움을 경험하게 된다. 대학생 시기의 인간관계는 중·고등학생 시기의 인간관계의 연장선이 아니기 때문에, 다른 방법으로 새로운 관계를 형성하기 위해 노력해야 한다.

최근 대학생 시기에 새로운 인간관계를 형성하기 위해 애쓰기보다, 스스로 관계를 하지 않으려고 선택하는 대학생 아싸(아웃사이더)가 늘고 있는 추세이다. '대학생 아싸'란 다른 친구들과 어울리기보다 주로 혼자 대학생활을 하는 대학생을 일컫는 말로써, 그들은 학과 행사에 참여하지 않을뿐더러 같은 과 동기나 선후배와의 교류를 거의 하지 않으며 개인적인 시간을 더 중요하게 생각한다. 과거에는 학교생활을 오래 한 고학번 학생들이 자연스레 학교에서 멀어지면서 아싸가 됐다면, 최근엔 갓 입학한 새내기들이 스스로 아싸의 길을 선택한다. 이러한 아싸가 늘어나는 추세는 단체 생활에 대한 부담감과 힘든 취업난 등의 현실을 반영하는 당연한 결과이기도 하다.

그러나 우리가 삶을 살면서 진정한 인간관계를 맺지 않고서는 행복한 삶 자체도 없다는 것을 잊지 말아야 한다. 인간의 삶은 항상 타인과의 관계 안에서 이루어진다. 현재 당면하는 인간관계 문제의 해결방법은, 관계 상황에 어려움을 느끼고 피하는 것이 아니라 현재의 관계를 어떻게 극복하고 좋은 관계를 맺을지에 대해 고민하고 배워 나가는 것이다. 인간관계 능력은 타고나는 것이 아니므로, 인간관계를 잘 형성하기 위한 방법을 익히고 실천하는 것이 무엇보다 필요하다.

인간관계 형성을 위한 자세

그렇다면 새로운 인간관계를 형성하고, 유지ㆍ발전시켜 나가기 위해서 어떻게 해야 할까? 인간관계가 중요하다고 말하지만, 관계에서 문제가 생겼을 때 어떻게 하면 좋을지 제대로 배운 적이 없다. 어렵고 복잡한 인간관계를 해결하는 데 정답은 없지만, 스탠퍼드 대학교 명예교수인 데이비드 번스(David Burns)의 연구에서 우리는 인간관계의 실마리를 찾을 수 있다. 그는 지난 25년간 불편한 인간관계로 고통받는 수천 명의 사람을 연구하고 치료한 결과를 바탕으로 다음과 같은 결론을 얻었다. 먼저, 두 사람 사이에 문제가 발생했을 때 원인을 상대방 탓으로 돌리고 상대방을 비난한 사람들은 어떤 치료 기법을 동원해도 절대로 상태를 개선시키지 못한 것으로 밝혀졌다. 반대로 남을 탓하거나 그 사람을 바꾸려 하는 대신 스스로 변화하는 데 더 집중한 사람들은 관계를 놀랍도록 개선시켰으며, 게다가 관계를 변화시키는 데 오랜 시간이 걸리지 않은 것으로 확인되었다. 즉, 문제가 있을 때 자기 책임을 돌아보며 상대방을 행복하게 해 주어야겠다고 느끼는 사람은 보람되고 성공적인 관계를 이룰 가능성이 매우 높다는 것을 알 수 있다. 바로 이것이 어떤 인간관계에서도 성공을 이루어 낼 수 있는 방법이다.

좋은 인간관계를 형성하기 위해서는 먼저 자신의 마음을 되돌아보고, 현재의 인간관계를 점검하는 데서 출발해야 한다. 나는 어떠한 인간관계를 하고 있는지 체크리스트를 이용하여 살펴보자.

인간관계 진단 체크리스트

◆ 다음을 통해서 평소 자신의 인간관계에 대해 간단히 점검해 보자. 자신에게 해당하는 문항을 다섯 개 골라서 표시해 보자.

번호	문항 내용	체크
1	친구들의 얘기를 잘 들어주며 서로 깊은 대화를 나눌 수 있다.	
2	말하기 전에 상대방의 입장을 한 번 고려한 뒤 말한다.	
3	선후배, 친구, 지인들에게 꾸준히 연락하거나 짧은 안부를 묻는다.	
4	동아리, 학과 등 기타 단체에서 일을 할 때 협력하려고 노력한다.	
5	나의 생각과 감정을 잘 표현할 수 있으며 감정을 잘 조절할 수 있다.	
6	나와 맞지 않는 친구는 되도록 피한다.	
7	진행 상황이 내 생각과 다르면 짜증이나 화를 내는 편이다.	
8	많은 사람에게 내 이야기를 하는 것이 불편하다.	
9	조직에서 꼭 리더의 위치에 있어야만 한다.	
10	권위자의 시선을 크게 의식하지 않고 행동한다.	

출처: 이해선, 김은미(2014). 인성과 자기계발. 서울: 정민사.

◈ **채점:** 자신이 체크한 문항에 해당하는 점수의 합계를 계산해 보자.

번호	1	2	3	4	5	6	7	8	9	10	총점
체크											
점수	4	4	4	3	3	2	2	2	1	1	

◈ **해석**

0~8점	자신에게 집중하고 있다. 다른 사람들과의 관계가 불편한 상태이다. 주변 사람들이 말을 걸거나 인사하기 어려워하고 있다.
9~13점	인간관계에 노력하고 있기 때문에 좋은 인간관계를 기대할 수 있다. 진심을 토대로 하는 것이 필요하다.
14~18점	신뢰받는 대인관계를 유지하고 있다. 인맥 네트워크를 잘 쌓고 있다.

출처: 이해선, 김은미(2014). 인성과 자기계발. 서울: 정민사.

2. 나의 인간관계 관리(유지)

때때로 우리는 좋은 인간관계를 형성하기 위해 진심을 담아 상대를 대하지만, 내 의도와는 전혀 다른 결과가 발생하는 경우가 있다. 어떤 사람은 자신이 원하는 대로 다른 사람과 좋은 관계를 맺을 수 있는 세련된 사교적 기술을 가지고 있는 반면, 어떤 사람은 타인과 사귀고 싶어도 미숙한 행동 때문에 실패한다(이위환, 김용주, 2009). 어떻게 하면 큰 어려움 없이 새로운 사람들을 만나고, 또 그 사람들과 관계를 지속시켜 나갈 수 있을지 살펴보도록 하자.

원만한 인간관계를 만들기 위한 기본 자세

• 첫 만남에서는 마음을 비우고 순수한 관심을 표현하라.

• 항상 미소 짓는 얼굴로 상대방을 대하라.

• 비평, 비난, 불평하지 말고, 남의 험담을 하지 마라.

• 상대방의 장점을 발견하기 위해 노력하고, 장점에 대해서는 진심으로 칭찬하라.

• 상대와의 다름을 인정하고, 상대의 입장에서 한 번 더 생각하라.

• 상대방을 최고라고 생각하고 존경하는 마음으로 대하라.

• 끊임없이 관계를 점검하고 확인하라.

인간관계에 필요한 대인기술

비언어적 대인기술

비언어적 대인기술은 비언어적인 행동을 통해 자신의 의사와 감정을 표현하는 기술을 의미한다. 미국의 사회심리학자인 앨버트 메라비언(Albert Mehrabian)에 따르면, 의사소통에 영향을 미치는 요소 중 언어적 요소인 말의 내용은 7%가량 대화에 영향을 주는 반면 비언어적인 요소인 몸짓과 태도 등 말하는 행동(55%)과 음성이나 어투 등 청각적인 요소(38%)가 전체 대화 내용에서 93%의 영향을 미친다고 한다. 특히, 동양 문화권에 속하는 한국 사회는 서구 사회에 비해 언어적 행동보다는 비언어적 행동을 통해 의사소통을 하는 비언어적 문화를 지니고 있다(이위환, 김용주, 2009). 따라서 인간관계에서 활용할 수 있는 비언어적인 대인기술을 이해하고 상황에 따른 적절한 활용과 함께, 비언어적 행동으로 표현되는 상대의 의도와 감정도 잘 파악하는 것이 무엇보다 중요하다.

- 얼굴 표정 : 상황과 분위기에 따라 자연스럽게 표정 짓기
- 눈맞춤 : 상대방과 시선 교환하기
- 몸동작 : 손짓, 고개 끄덕임, 고개 젓기 등 보디랭귀지 사용하기
- 목소리 : 목소리 높낮이나 강도, 말의 속도 등 음성적 행동 사용하기
- 인사 : 정중례, 목례, 악수, 명함 교환 등 인사 나누기
- 신체적 접촉 : 팔짱, 포옹, 손잡아 주기, 어깨 두드려 주기 등 스킨십 활용하기
- 외모 치장 : 머리 모양, 옷차림새, 화장, 장신구 등 활용하기

언어적 대인기술

인간관계에서 비언어적 행동이 중요한 기능을 하지만, 주된 소통의 통로는 언어이다. 언어적 의사소통은 자신의 내면 상태와 의도를 전달하는 가장 효과적인 방법이다. 언어를 통해서 자신의 욕구와 감정, 희망 사항을 상대에게 잘 전달할 수 있다. 인간관계를 촉진하는 언어적 대인기술을 익혀 자기의 생각이나 의견을 상대에게 잘 전달하고 상대가 원하는 것을 잘 들어주면서 바람직한 인간관계를 형성해 나가야 한다.

- 말 건네기 : 처음 만난 사람에게 다가가 자연스럽게 말 붙이기

- 경청하기 : 상대의 이야기를 진지하게 잘 들어주기

- 질문하기 : 추가 정보를 요청하고, 상대의 태도, 감정, 의견을 확인하기

- 반영하기 : 상대의 표현 내용에 대한 자신의 이해 정도를 전달하고, 자신의 이해 내용이 정확한지 확인하기

- 공감하기 : 상대의 입장과 관점에서 이해하기

- 강화 주기 : 상대방과의 관계를 강화시키는 언어 표현 사용하기(인정, 긍정, 칭찬, 격려, 지지 등)

- 부탁하기 : 상대방에게 도움을 요청하기

- 거절하기 : 상대방의 부탁을 적절하게 거절하기

- 유머 활용하기 : 대화 중에 유머 표현 사용하기

- 감정 표현하기 : 긍정적인 감정과 부정적인 감정 표현하기

인간관계 유지를 위한 갈등 관리 대화법

행복한 인간관계를 유지하기 위해서는 갈등 관리가 중요하다. 갈등이란 네이버 백과사전에서 "개인이나 집단이 가지고 있는 두 가지 이상의 목표나 정서들이 충돌하는 현상"으로 정의하고 있다. 인간관계에서 갈등이 생기면 크고 작은 문제가 발생하는데, 갈등은 인간관계를 해치는 주요 원인이라고 할 수 있다. 그러나 인간관계에서 갈등 자체보다 중요한 것은 갈등을 관리하는 방법이라고 할 수 있다. 비 온 뒤에 땅이 굳는다는 말처럼 갈등 관리를 통해 더 좋은 관계로 변화하고, 그 관계가 지속적으로 유지되기 때문

이다.

　갈등을 효과적으로 관리하기 위한 방법으로 나 전달법과 갈등 관리 대화 TIP을 몇 가지 배워 보고, 갈등 상황에서 사용할 수 있도록 꾸준히 연습해 보도록 하자.

나 전달법(I-Message)

　'나 전달법(I-Message)'이란 '나'를 주어로 하여 자신의 생각과 감정을 솔직하게 표현하는 방법이다. 반대로 '너'를 주어로 상대의 행동에 대해 비난하고 평가하는 '너 전달법'(You-Message)도 있다. 우리는 일반적으로 너 전달법을 사용하여 대화하는 데 익숙해져 있다. 너 전달법은 상대의 실수를 부각시키거나 비평적으로 말하게 되는 속성이 있으며, 책임을 상대방에게 돌림으로써 상대를 자극하고 상처를 주기도 한다. 이러한 너 전달법은 갈등 상황의 해결에 큰 도움을 주지 못하는 경우가 많다. 반면 나 전달법은 나 자신이 문장의 주어가 되고 상대방의 기분을 나쁘지 않게 하면서도 자신의 주장을 분명하게 전달할 수 있어 갈등 상황에서 서로를 이해하고 문제를 해결하는 데 도움이 된다. 따라서 우리는 대화를 할 때, 특히 갈등 상황에서 너 전달법이 아닌 나 전달법으로 대화하기 위해 노력해야 한다. 그렇다면 나 전달법을 효과적으로 사용하기 위해서 어떻게 해야 하는지 구체적으로 살펴보자.

- 나 전달법 3단계 : 나 전달법은 사실, 감정, 바람 순서로 구성된다. 먼저 사실을 말하고, 그 사실에 대한 자신의 느낌과 감정을 표현하고 마지막으로 바라는 것을 얘기한다. 이렇게 말하면 상대방을 공격하지 않으면서 내 감정과 바람을 드러낼 수 있다.

나 전달법(I-Message) 3단계	
1단계 : 사실	– 지금 행동(사실)에 대해 있는 그대로 묘사하기 문제 행동을 비난하거나 비판하지 않고 서술하기 예) 왜 너는 항상 약속 시간을 어기니? (×) → 연락도 없이 약속 시간에 30분 늦어서 (○)
2단계 : 감정	– 나의 감정을 인식하고 표현하기 부정적 감정을 강조하지 않기(흔히 '화나다'라는 감정 단어를 많이 사용하는데, '속상하다', '두렵다' 등으로 대치해 줌으로써 상대방이 위협감을 덜 느끼게 할 수 있다.) 예) 넌 나를 항상 무시하는 것 같아. (×) → 나는 걱정도 되고, 불편한 감정도 올라왔어. (○)
3단계 : 바람	– 상대에게 바라는 바를 솔직하고 구체적으로 표현하기 긍정적 말투로 상대방이 할 수 있는 것을 요청하기 예) 앞으로 너랑 만나는 일은 없을 거야. (×) → 앞으로 늦을 것 같으면 미리 연락해 주고, 가능한 약속시간을 지켜 주면 좋겠어. (○)

• 나 전달법 3단계 예시

상황: 대화 중에 휴대전화를 보며 계속 딴짓을 하는 친구에게 화가 날 때	
1단계 : 사실	대화 중에 니가 휴대전화를 보고 있는 모습을 보니
2단계 : 감정	내 말에 집중하지 않는 것 같아서 섭섭하고 속상해.
3단계 : 바람	앞으로 내가 이야기할 때 잘 들어주면 좋겠어.

• 나 전달법 3단계 연습 : 최근 자신에게 일어난 갈등 상황을 간략하게 적어 보고, 나 전달법을 적용하여 연습을 해 보도록 하자.

상황 :	
1단계 : 사실	
2단계 : 감정	
3단계 : 바람	

갈등 관리 대화 TIP

• 질문형 대화법 & 명령형 대화법 : 상대방에게 일을 시키는 경우, '명령형 대화법'보다 '질문형 대화법'으로 하는 것이 효과적이다. 명령형은 지시를 하는 사람 중심인 반면, 질문형은 지시를 받는 사람 중심이다. 질문형 대화법을 통해 상대방은 자신에게 결정권이 주어지고 배려 받는다는 인상을 받게 된다.

> ✓ 질문형 대화법 : 오늘 중으로 자료 마무리해서 이메일로 보내줄 수 있을까? [GOOD]
> ✓ 명령형 대화법 : 오늘 중으로 자료 이메일로 보내 줘. [BAD]

• 만약에 대화법 : '만약에 대화법'을 사용하면 자신의 의견을 일방적으로 전달하는 것이 아니라 상황의 여지를 남기고 다른 대안을 고민할 수 있게 된다. 어느 한쪽의 승리보다 서로 Win-Win 할 수 있는 대안을 얻을 수 있는 바람직한 대화법이다.

✔ 한쪽 승리 : 이번 프로젝트는 제출 기한이 너무 짧아서 포기해야 할 것 같아. [BAD]

✔ 양쪽 승리 : 만약에 이번 프로젝트 제출 기한을 이틀 정도 연기할 수 있다면, 도전해 볼 만하지 않을까? [GOOD]

• 쿠션 대화법 : 상대방에게 무엇인가 부탁하거나 전달하고 싶을 때, '죄송하지만, 번거로우시겠지만, 괜찮으시다면' 등의 단어를 사용한다. 대화 앞부분에 충격을 완화해 주는 단어를 사용하면 상대방을 배려하며 존중하고 있다는 인상을 줄 수 있다.

✔ 죄송하지만 제가 화장실이 너무 급해서 그러는데, 먼저 사용해도 되겠습니까? 정말 감사합니다. [GOOD]

✔ 번거로우시겠지만 이 문제를 해결하기 위해서 한 번 더 자료를 찾아 주시겠습니까? [GOOD]

✔ 괜찮으시다면 어제 보내드린 자료를 한번 검토해 주시기 바랍니다. [GOOD]

• 플러스 대화법 : 대화를 할 때 한 문장만으로 끝내는 것이 아니라 '+ α'를 덧붙이는 방법이다. 상대방에게 인사나 칭찬, 부탁을 할 때 기본적인 말에 좀 더 관심과 따뜻함을 플러스해서 말하는 방법이다.

✔ 수고하십니다 : 더운 날씨에 수고 많으십니다. [GOOD]

✔ 안녕하세요 : 안녕하세요. 반갑습니다. [GOOD]

✔ 이것 좀 처리해 줘 : 이것 좀 처리해 줘. 이번 일 끝내고 맛있는 거 사줄게. [GOOD]

- 미안합니다. 감사합니다, 부탁드립니다, 도와주십시오. 가르쳐 주십시오. : 상황에 따라 이러한 말을 자신의 진심이 상대에게 전해지게 사용할 줄 알아야 한다. 진심 어린 말이 갈등과 오해를 사라지게 한다.

3. 나의 인간관계 관리(정리)

앞서 살펴보았듯이 인간관계는 매우 중요하다. 중요하다는 사실을 알기 때문에 우리는 관계를 유지하기 위하여, 또 다른 관계를 넓히기 위하며 많은 노력을 기울인다. 그러나 바쁘고 힘든 삶 속에서 사람들과의 관계에 집중하기란 말처럼 쉽지 않다.

문득 사람들과의 관계에서 너무나도 지쳐 버린 자신을 발견하거나 사람들과의 만남이 시간만 낭비한다는 생각을 한 적이 있다면, 내가 진정으로 원하는 인간관계에 대해 진지하게 생각해 볼 필요가 있다. 만나면 주로 부정적인 이야기를 하는 친구나, 악의는 없지만 남의 단점만을 이야기하는 친구나, 또는 서로의 이야기가 아닌 자신의 이야기만 하는 친구와의 만남을 피하고 싶어진다면, 과연 나는 이 관계를 계속 유지할 만한 가치가 있는지 살펴보아야 한다. 휴대전화 속 연락처에 저장된 수백 명의 사람 모두와 내가 원하는 관계인지, 나에게 필요한 사람인지, 또는 나를 필요로 하는 사람인지 생각해 보고, 불필요한 인간관계를 재정비해야 한다.

나만의 이익을 위하여 사람들과 관계를 하고, 필요하지 않다면 정리를 하라는 말이 아니다. 가치도 없는 관계에 시간을 낭비하거나 얽매일 필요는 없다는 말이다. 서로가 함께하며 서로의 삶을 지키고 서로의 시간을 지킬 수 있는 관계가 아니라면, 그 관계는 무의미하다. 인간관계는 쌍방향 네트워크이다. 도움을 주는 사람과 받는 사람이 따로 있는 것이 아니라, 서로 도움을 주고받을 수 있어야 한다. 선택과 집중이라는 말은 일에만 적용되지 않는다. 인간관계에서도 선택과 집중이 필요하다. 서로의 인생에 전혀 도움이 되지 않는 불필요한 인맥이라 생각된다면 과감하게 정리하는 결단력이 요구된다.

　서로의 시간을 낭비하고 관계를 유지할 가치가 없다면, 미련 없이 그 관계를 정리할 용기가 필요하다. 지금 관계를 정리하고 나면 자신의 주위에 아무도 없다 하더라도 걱정할 필요가 없다. 시간이 걸리더라도 서로의 발전을 응원하고 함께 성장하는 관계를 천천히 찾아 나가면 된다. 불필요한 인간관계를 정리하고 새로운 인간관계를 만들기 위하여, 다음 인간관계 정리 3단계를 참고해 보자.

인간관계 다이어트

• 정리 1단계 : 인간관계 정리 리스트 만들기

많은 사람을 알고 있는 것은 분명 가치 있고 좋은 일이다. 하지만 많은 사람을 알고 있다는 것 자체만으로 현재 내가 인간관계를 잘 형성하고 있다고 말할 수는 없다. 관계의 깊이를 따져 보아야 한다. 맨 먼저 휴대전화 연락처를 보고 1년 이상 연락하지 않은 사람은 누구인지 확인하자. 그리고 정리가 필요한 인간관계 목록을 참고하여, 휴대전화 속 연락처를 정리해 보자.

휴대전화 속 번호 정리가 필요한 사람	상대방의 이니셜 또는 휴대전화 뒷 번호
필요할 때만 연락하는 사람	
나와의 약속을 쉽게 어기는 사람	
자기 자랑을 심하게 하는 사람	
같은 고민을 반복해서 이야기하는 사람	
항상 자기 이야기만 하고, 내 이야기는 듣지 않는 사람	
매사에 불평, 불만만 늘어놓는 사람	
상대방에게 상처를 주는 말이나 행동을 자주 하는 사람	
지갑을 안 들고 나오는 사람	

휴대전화 속 번호 정리가 필요한 사람	상대방의 이니셜 또는 휴대전화 뒷 번호
정치적 견해나 종교를 강요하는 사람	
연말이나 새해 인사를 보내고 싶지 않은 사람	
기타 정리가 필요한 사람	

• 정리 2단계 : 오래도록 함께하고 픈 인간관계 목록 만들기

불필요한 사람들과 관계하는 데 소비하는 시간을 줄여, 나에게 좀 더 필요한 사람과 관계하는 시간을 늘려 나가자. 1단계에서 휴대전화 번호를 정리한 다음, 그중에서 평생 함께하고 싶거나 배울 점이 많은 사람의 목록을 만들어 보자. '빨리 가려면 혼자 가고, 멀리 가려면 함께 가라.'는 아프리카 속담처럼 인생이라는 여행에서 오래도록 함께할 사람들은 누구인지 정리해 보자. 그들의 생일이나 경조사는 잊지 말고 챙기도록 하자. 그리고 일주일에 1~2명에게 전화나 문자, 메일을 보내서 지속적인 관계를 유지하기 위해 노력하자. 나에게 소중한 사람들에게 투자하고 집중하면 보다 나은 인간관계에서의 긍정적인 결실을 맺을 수 있을 것이다.

관계	이름	함께하고 픈 이유	그들과 함께할 수 있는 방법

• 정리 3단계 : 나에게 도움 되는 인간관계 목록 만들기(멘토, 롤모델 정하기)

인생의 방향을 정하지 못해 방황할 때, 선택의 갈림길에 놓여 중대한 결정을 할 때, 삶의 나침반이 되어 줄 수 있는 존재가 멘토이다. 한 명의 멘토가 모든 분야에 대해 실질적인 조언을 해 주는 것은 불가능하다. 삶의 경험이 부족한 20대는 다양한 분야의 전문가를 멘토로 삼고, 그들에게서 전문 분야에 대한 깊이 있는 조언을 받는 것이 좋다. 따라서 가능하면 분야별로 멘토를 많이 만들기 위해 노력하자. 아울러 자신의 관심 분야나 삶에서 본받을 만하거나 모범의 대상이 되는 롤모델을 찾고, 그들과 관계를 맺는 것도 중요하다. 롤모델을 통해 배우고, 모방하고, 개선해 나간다면 자신의 꿈을 이루는 데 도움을 받을 수 있을 것이다. 롤모델을 어떻게 정하냐에 따라 인생이 달라질 수 있음을 명심하자.

분야별 멘토	내 인생의 롤모델

4. 나의 새로운 인간관계

앞으로는 인간관계에서 상대에게 끌려가기보다, 스스로 관계에 중심이 되어 자유롭고 자주적인 인간관계를 만들도록 노력해야 한다. 나에게 필요한 관계가 무엇인지 파악하고, 선택적이고 적극적인 관계를 형성할 필요가 있다. 주체적인 인간관계는 새로운 사람과의 관계에서 활력을 불어넣을 수 있다. 관계에서의 주인공은 나라는 사실을 잊지 말아야 한다.

주체적 인간관계 형성을 위한 팁

새로운 사람과의 만남의 장을 넓힌다

학과 이외의 다양한 활동을 통해 새로운 사람들과의 만남을 만들어 간다. 봉사 활동, 아르바이트, 인턴 등의 기회를 적극 활용한다. 이때 가능한 다양한 부류의 사람들과 만남의 기회를 갖는 것이 좋다. 전공이나 관심 분야 외의 사람과 교류하다 보면 뜻밖의 지식이나 정보를 얻을 수 있고 새로운 가치관을 가지는 데 영향을 받을 수도 있다. 다양한 사람을 만나 다양한 경험을 함으로써 나의 새로운 재능을 발견할 수도 있고, 새로운 꿈을 꿀 수도 있다.

수업의 조모임을 활용한다

교양수업에서 조모임을 통해 다른 과 친구들을 만날 수 있는 기회를 얻게 된다. 점수를 받기 위해 억지로 참여하기보다 타 전공 친구들과의 인맥을 넓힌다는 생각으로 적극적으로 조모임에 참여하려는 마음 자세가 필요하다.

특강이나 강연회에 참석한다

학교에서 진행하는 특강이나 강연회와 같은 자리에 참가했을 때는 주위에서 열심히 듣는 사람이나 공부에 열의가 있는 사람을 발견해 그에게 적극적으로 말을 걸어 보자. 이때 나 자신이 먼저 마음을 열고 상대를 대해야만, 상대방도 진실되게 당신의 인사에

답할 것이다.

동아리나 취미 활동을 한다

무조건 노는 동아리만 있는 것이 아니다. 비슷한 관심사를 공유하면서 인간관계를 맺을 수 있는 곳이 동아리이다. 대학에는 여러 동아리가 많다. 따라서 관심사, 취미 등을 함께할 수 있는 사람들을 만나기 위하여 동아리를 활용할 수 있다. 또래 관계 이외에 다양한 연령층의 사람들과 함께하는 취미 모임에도 참여하여 새로운 사람과 자연스럽게 친해질 수 있다.

기존의 인맥을 통해서 새로운 인맥을 넓힌다

친구나 선후배, 교수님들과의 관계와 연결 고리가 있는 또 다른 관계를 만들어 나가자. "교수님, 어떠한 전공 분야와 관련된 사람을 소개 받고 싶습니다."라고 요청하여 새로운 사람들을 소개 받을 수 있다.

새롭게 만나게 된 사람들과는 첫 만남 이후에 이메일 혹은 문자, 전화 등을 통해 지속적으로 관계를 지속해 나가야 한다. 처음 만남에서 연락처를 받았다면, 반드시 일주일 안에 안부를 묻는 연락을 해서 자신의 존재를 각인시킬 필요가 있다. 이때 주의할 점은 연락하는 방법을 내 기준에 맞추지 말고, 상대방이 익숙하고 편리한 방법으로 연락해야 한다. 인간관계가 가까워지는 데는 지속적이고 반복적인 연락과 접촉이 중요하다.

한 번의 만남으로 스쳐 지나가 버리는 관계가 될지, 아니면 진지한 만남으로 이어가는 인연으로 만들지는 첫 만남 이후 내가 어떻게 하느냐에 달려 있다는 사실을 명심해야 한다.

가슴으로 만나는 인간관계

　인간관계에서 주체적인 관계를 하기 위한 노력도 중요하지만, 관계에서 가장 중요한 것은 내가 어떠한 마음가짐으로 사람들을 만나느냐 하는 것이다. 사람과의 관계에서 목적을 위한 만남이 아닌 과정을 중시하는 만남을 가지되, 기본적으로 가슴으로 사람을 만나는 것이 중요하다. 머리를 굴리고 기술을 써서 뭔가를 얻어 내려는 만남이 아니라, 가슴에서 우러나오는 진심을 상대에게 전하려는 만남을 해야 한다. 가슴으로 만나는 관계로 지금 당장 조금 손해를 볼지라도 진정한 만남은 먼저 손을 내미는 것에서 시작된다. 순수한 마음으로 내가 먼저 가슴을 열고 진심을 다해 상대방을 대할 때, 그때야 비로소 깊이 있고 참된 인간관계를 맺을 수 있다. 이러한 관계를 통해 우리는 서로 행복감을 느끼고, 성장하는 기회를 가질 수 있을 것이다.

　가슴과 가슴으로 만나는 인간관계는 평생 함께할 사람을 만나는 길이기도 하며, 앞으로의 내 인생을 풍요롭게 하는 방법이기도 하다.

3ON action plan

구분	내용
ON Self-Reflection 자아성찰	※ **[과거]** 이 활동을 하기 전까지의 나는?
ON Realistic Goal 현실목표	※ **[현재]** 지금의 나는?
ON New Movement 대안실행	※ **[미래]** 나의 미래를 위해 지금부터 새롭게 실천해야 하는 것은?
지금 나의 점수는?	① ② ③ ④ ⑤ ⑥ ⑦ ⑧ ⑨ ⑩ 점

Chapter

10

나의 사랑과 결혼

사랑한다는 것은 관심(interest)을 갖는 것이며,
존중(respect)하는 것이다.
사랑한다는 것은 책임감(responsibility)을 느끼는 것이며,
이해하는 것이고,
사랑한다는 것은 주는 것(give)이다.

— 에리히 프롬 —

나의 연애 타입은?

❤병원에 입원한 당신을 위해 친구들이 여러 종류의 과일을 사서 병문안을 왔습니다. 다음의 과일 중 제일 먹고 싶은 과일은 무엇인가요?

1. 사과

2. 포도

3. 딸기

4. 바나나

사과 : 친구에서 연인으로 발전하는 타입. 처음에는 친구처럼 지내다가 어느 순간 상대가 이성으로 느껴지기 시작합니다. 자연스럽게 연인이 된 후에도 친구처럼 편안한 관계를 유지하며 사랑을 이어 갈 수 있습니다.

포도 : 사랑을 쟁취하는 용감한 타입. 마음에 드는 상대가 있다면, 상대의 사랑을 얻을 때까지 도전하는 스타일입니다. 나이나 국경도 가리지 않고 아주 뜨겁고 열렬한 사랑을 할 수 있습니다.

딸기 : 귀여운 연애를 하는 타입. 상대방의 조건을 재거나 따지지 않고 어린아이처럼 순수한 마음으로 연애를 합니다. 이러한 성향으로 연인 앞에서 아이처럼 행동하기도 하지만, 의외로 조숙한 면도 있습니다.

바나나 : 로맨틱한 사랑을 꿈꾸는 타입. 사랑하는 사람과의 연애를 통해서 좋은 에너지를 얻고 자기 발전도 이루어 나갑니다. 현실적인 생각도 있어서 구체적인 계획을 세우기도 하며, 꼼꼼한 면도 있습니다.

연애할 때 주의할 점은?

● 샤워할 때 당신이 가장 먼저 하는 행동은 무엇인가요?

1. 머리 감기

2. 세수하기

3. 양치질하기

4. 몸 씻기

머리 감기 : 머리를 먼저 감는 당신은 주변 사람들이 하자는 대로 이끌려 다니는 면이 있습니다. 겉으로는 원만한 대인관계를 유지하는 것 같지만, 남모르게 혼자 속앓이를 할 때가 종종 있습니다. 이런 성격은 이성을 만날 때도 이성에게 휘둘릴 수 있으므로, 자신의 감정과 욕구를 솔직하게 표현하려는 노력이 필요합니다.

세수하기 : 세수부터 하는 당신은 주변 사람들에게 배려를 잘하고, 받는 것보다 베풀기 좋아하는 면이 있습니다. 이성에게도 헌신적이고 순종적인 경우가 많습니다. 이러한 순수한 마음이 상처를 받지 않기 위해서는 융통성 있게 행동하는 모습이 필요합니다.

양치질하기 : 양치질을 먼저 하는 당신은 지적 호기심이 높으며 매사에 신중한 면이 있습니다. 너무 신중한 탓에 연애를 시작하는 자체가 어려울 수 있습니다. 연애를 시작하면 호기심을 가지고 상대방의 많은 것을 알고 싶어 합니다. 혼자만 상대방을 알려고 하기보다, 서로가 상대를 알아가고 이해하려는 노력이 필요합니다.

몸 씻기 : 몸을 가장 먼저 씻는 당신은 겉모습을 굉장히 중요하게 여기는 면이 있습니다. 그래서 이성을 볼 때도 외모, 패션 감각 등 외적인 면을 먼저 보게 됩니다. 좋아하는 이성을 만나면 그 사람에게 올인 하는 모습도 보입니다. 겉모습과 함께 상대의 내면도 함께 보려는 노력이 필요합니다.

1. 사랑이란

사랑이란 무엇인가?

누구에게나 사랑은 일생에 있어 주요한 기초가 되는 문제이다. 사랑이란 인간관계에서 경험할 수 있는 가장 행복하고 오묘한 감정이며, 황홀하면서 때로는 가장 고통스러운 체험이기도 하다. 우리는 사랑으로 인해 천당과 지옥을 오고 간다. 개인의 삶에서 기쁨과 슬픔, 환희와 고통, 행복과 불행이라는 극단적이면서도 강렬한 감정을 경험하는 일은 흔치 않을 것이다.

이처럼 우리 삶에 중요한 영향을 미치는 사랑이란 무엇인가? 『표준국어대사전』에 따르면 사랑이란 '어떤 사람이나 존재를 몹시 아끼고 귀중히 여기는 마음 또는 그런 일', '어떤 사물이나 대상을 아끼고 소중히 여기거나 즐기는 마음 또는 그런 일', '남을 이해하고 돕는 마음 또는 그런 일', '남녀 간에 그리워하거나 좋아하는 마음 또는 그런 일', '성적인 매력에 이끌리는 마음 또는 그런 일', '열렬히 좋아하는 대상' 등 여러 가지 의미로 정의하고 있다. 그러나 이 정도의 몇 가지 정의로 사랑의 본질까지 이해하기란 쉽지 않다. 우주와 같은 미지의 세계인 사랑에 대해 우리는 제대로 알지 못하는 경우가 많으며, 사랑에 대해 올바로 이해하려는 노력조차 드문 것이 대부분이다.

사랑에 대해 똑바로 이해하지 못하고 환상만을 가지고 사랑을 하다가 자칫 잘못해서 사랑이라는 이름의 탈을 쓴 고통의 늪에 빠지게 되는 경우도 발생한다. 따라서 사랑을 왜곡하지 않고, 아름답고 성숙한 사랑을 하기 위해서는 사랑에 대한 이해가 반드시 필요하다.

대학생 시기의 사랑

　성인 초기인 대학생 시기에 요구되는 여러 가지 발달과업이 있지만 사랑과 성, 결혼 등은 중요한 발달과업으로 개인의 삶에 매우 중요한 의미를 지닌다. 이 시기에 경험하는 사랑 및 연인 관계를 통하여 자신의 솔직한 감정, 상대방과 상호적인 감정, 자신의 미래 계획, 목표, 기대 등을 끊임없이 나누면서 자신에 대한 이해의 폭을 넓히고 찾아 간다(Erickson, 1959).

　그러나 연인 관계를 통한 만족감이 아닌 반복된 사랑의 실패 경험으로 때로는 자신이 사랑받을 만한 사람이 아니라는 그릇된 생각을 가지기도 한다. 이러한 자신의 사고를 새로운 대상을 통해 극복하고자 하지만, 자신이 가지고 있는 잠재적 불안 때문에 연인에 대해 끊임없이 의심하고 집착하면서 불안정한 관계를 반복해 나갈 수도 있다. 특히, 대학생 시기 잘못된 사랑을 거듭한다면 미래 결혼관, 크게는 인생관까지 부정적인 영향을 줄 수 있으므로 이 시기에 아름답고 성숙한 사랑을 하는 것이 무엇보다 중요하다.

　따라서 현재 나는 어떠한 사랑을 하고 있으며, 그 사랑을 유지하기 위하여 어떠한 노력을 해야 할지, 그리고 이별 후 스스로의 성장을 위하여 어떠한 노력을 해야 할지 살펴볼 필요가 있다.

나의 사랑 유형은?

◈ 이 검사는 자신의 사랑에 대한 어떤 윤리적 판정을 내리는 것은 결코 아니며, 다만 자신이 생각하는 사랑의 의미나 자신이 좋아하는 사랑의 형태를 알아보기 위한 검사이다.

나에게 사랑이란 어떤 것인지, 사랑은 어떠해야 한다고 생각하는지를 현재 내가 하고 있는 사랑이나 혹은 과거의 경험을 참고하여 'YES' 또는 'NO' 한 곳에 체크해 보자.

번호	문항 내용	YES	NO
1	나는 '첫눈에 반한다'는 것이 가능하다고 생각한다.		
2	처음으로 키스를 하거나 볼을 비볐을 때, 성기가 반응(발기, 축축함)하는 것을 느꼈다.		
3	우리는 만나자마자 서로가 좋아서 키스를 했다.		
4	대개 제일 먼저 나의 관심을 끄는 것은 상대의 외모이다.		
5	그(또는 그녀)의 손을 처음 잡았을 때 나는 사랑의 가능성을 감지했다.		
6	나는 연애를 시작하기 전부터 나의 연인이 될 사람의 모습을 분명히 정해 놓고 있었다.		
7	나는 연인의 것과 똑같은 옷, 모자, 화분, 시계 등을 갖고 싶다.		
8	나는 시간이 어느 정도 지나고 나서야 사랑에 빠졌다는 사실을 깨달았다.		
9	먼저 좋아하는 마음이 얼마 동안 있고 난 다음에 비로소 사랑이 생기는 것이 원칙이다.		

번호	문항 내용	YES	NO
10	전에 사귀었던 사람들 거의 모두와 나는 지금도 좋은 관계를 유지하고 있다.		
11	최상의 사랑은 오랜 기간의 우정으로부터 싹튼다.		
12	사랑에서 가장 좋은 것은 둘이 같이 살면서 함께 가정을 꾸미고 함께 아이들을 키우는 일이다.		
13	키스나 포옹이나 성관계는 서둘러서는 안 된다. 그런 것은 서로 충분히 친밀해지면 자연스럽게 이루어지는 것이다.		
14	우리가 언제부터 사랑하게 되었는지 정확하게 알 수 없다.		
15	최고의 사랑이란 가장 오래 지속되는 사랑이다.		
16	내가 우리 관계를 진지하게 여기는지 상대방이 확실히 알 수 없도록 여지를 남겨 놓는 것이 좋다.		
17	사랑의 재미 가운데 하나는 관계를 발전시키면서 동시에 거기에서 내가 원하는 것을 얻어 내는 능력을 시험해 보는 것이다.		
18	사랑하는 사람이라면 나에 관하여 다소 모르는 것이 있다고 하더라도 그것 때문에 그렇게 속상해하지는 않을 것이다.		
19	두 사람을 동시에 만나면서 서로에 대해 알아채지 못하도록 용의주도하게 계획을 세웠던 적이 적어도 한 번은 있었다.		
20	나는 사랑했던 관계를 쉽고 빠르게 잊어버릴 수 있다.		
21	사랑하는 사람이 있더라도 다른 매력적인 사람을 만난다면 연인 몰래 사귀어 볼 생각이 있다.		
22	나와 다른 사람들 사이에 있었던 일들을 연인이 알게 된다면 그(또는 그녀)는 매우 속상해할 것이다.		
23	마음에 들지 않는 사람이라도 그 사람이 나와 데이트 신청에 응할지 시험해 보는 것은 재미있을 것이다.		
24	현실적으로 볼 때 누군가를 헌신적으로 사랑하기 전에 그 사람이 내 삶에 어떤 자리를 차지하게 될지 심사숙고해야 한다.		
25	사랑하는 사람을 만나기 전에 인생 계획을 잘 짜 놓는 것이 좋다.		

번호	문항 내용	YES	NO
26	비슷한 배경을 가진 사람끼리 사랑하는 것이 가장 좋다.		
27	사랑하는 사람을 선택할 때 고려해야 할 중요한 요소는 그(그녀)가 우리 집안에 걸맞은 사람인가 하는 점이다.		
28	배우자를 결정하는 데 있어 가장 먼저 고려해야 할 점은 그(그녀)가 좋은 부모가 될 수 있겠는가 하는 것이다.		
29	나는 결혼하고 싶지 않은 사람하고는 진정한 사랑을 할 수 없을 것 같다.		
30	나는 사랑하지 않는 사람하고는 데이트도 하고 싶지 않다.		
31	사랑하는 사람을 선택할 때 고려해야 할 중요한 요소는 그(그녀)가 자신의 직업을 어떻게 생각하는가 하는 것이다.		
32	나는 누구와 깊게 사귀기 전에, 우리가 아기를 가지게 될 경우 상대방의 유전적 배경이 좋은지 먼저 생각해 본다.		
33	둘 사이 관계가 잘 풀리지 않으면 나는 소화가 잘 되지 않는다.		
34	연인과 헤어졌을 때 너무 우울해서 자살까지 생각해 본 적이 있다.		
35	가끔 사랑에 빠졌다는 사실에 너무 흥분해서 잠을 설칠 때가 있다.		
36	연인이 나에게 관심을 보이지 않으면 나도 결코 행복해질 수 없다.		
37	나는 사랑에 빠지면 다른 일에는 도무지 집중하기가 힘들다.		
38	연인이 다른 사람과 함께 있다는 생각이 들면 견딜 수가 없다.		
39	연인이 다른 사람에게 관심을 보이면 질투를 하지 않으려 해도 어쩔 수 없이 질투가 난다.		
40	우리의 사랑은 이미 끝났다고 생각될 때에도, 그(그녀)를 다시 보면 옛날 감정이 되살아나는 때가 적어도 한 번쯤은 있었다.		
41	연인이 잠시라도 나에게 무관심해지면, 나는 그(그녀)의 관심을 끌기 위해 가끔 어리석은 짓을 할 때가 있다.		
42	연인이 어려운 처지에 빠지면 설사 그(그녀)가 바보처럼 행동한다 하더라도 힘을 다해 도와주려고 노력한다.		

번호	문항 내용	YES	NO
43	연인이 고통 받는 것을 지켜보느니 차라리 내가 고통 받는 편이 낫다.		
44	나의 연인이 행복해지지 않으면 나도 결코 행복해질 수 없다.		
45	연인과 헤어질 때 어떻게 해서라도 그(그녀)가 괜찮도록 해 주어야 한다.		
46	연인이 원하는 것을 위해서라면 나는 기꺼이 내가 원하는 것을 희생할 수 있다.		
47	연인이 다른 사람의 아이를 갖게 된다면 내 자식처럼 키우고 돌보겠다.		
48	연인에게 짐이 되느니 차라리 헤어지겠다.		
49	내가 갖고 있는 것은 무엇이든 그(그녀)가 마음대로 써도 된다.		
50	연인이 한동안 나와 만나지 못하거나 전화하지 않을 때 그럴 만한 이유가 있다고 생각한다.		

출처: Lasswell, M., & Lobsenz, N. M. (1980). *Styles of loving*. New York: Doubleday.

◈ 사랑의 유형별로 문항 번호를 확인하고, 채점법에 따라 계산해 보자.

사랑의 유형	문항 번호	채점법
불타는 사랑 (에로스, Eros)	1~7	'YES'라고 답한 수 ( ) ------------------------------- × 100 = (%) 7
친구 같은 사랑 (스토르게, Storge)	8~15	'YES'라고 답한 수 ( ) ------------------------------- × 100 = (%) 8

이기적인 사랑 (루두스, Ludus)	16~23	'YES'라고 답한 수 ( ) ―――――――――――― × 100 = (%) 8
실리적인 사랑 (프래그마, Pragma)	24~32	'YES'라고 답한 수 ( ) ―――――――――――― × 100 = (%) 9
독점하는 사랑 (마니아, Mania)	33~41	'YES'라고 답한 수 ( ) ―――――――――――― × 100 = (%) 9
주기만 하는 사랑 (아가페, Agape)	42~50	'YES'라고 답한 수 ( ) ―――――――――――― × 100 = (%) 9

　백분율이 가장 높게 나온 유형이 자신의 가장 두드러진 사랑 유형이다. 가장 높은 유형 이외에 두 번째 유형도 함께 확인해 볼 필요가 있다.

　예를 들어, '친구 같은 사랑' 유형에서 80%가 나오고, '실리적인 사랑' 유형에서 70%가 나왔다면, 당신은 애인을 가장 좋은 친구로 삼는 사람임과 동시에 사랑을 하는 데 있어서 현실적인 사람이라고 해석할 수 있다.

2. 사랑에 대한 이해

여섯 가지 사랑 유형

원만한 사랑을 유지하기 위해서 또는 반복되는 사랑의 실패를 경험하지 않기 위해서는 연인 관계 속에서 자신과 연인의 행동 패턴을 이해할 필요가 있다. 특히, 연인 관계의 어려움을 호소하는 대부분의 경우, 문제나 증상은 다양하지만 그 근본적인 원인은 연인의 행동보다는 그것을 받아들이고 해석하는 자기 자신에게 있다. 사랑에 대한 자신의 유형을 올바르게 이해할 때 왜곡되고 편향적인 사랑에서 벗어나 상대방과 나에게 모두 타당하며 평등한 사랑을 이룰 수 있다.

캐나다 사회학자인 리(Lee, 1975)는 세 가지 원색에서 여러 가지 색채의 조합이 이루어지듯, 사랑도 세 가지 원형이 있어 거기에서 여러 가지 조합이 이루어진다고 하였다. 리는 사랑의 유형을 기본색에 해당하는 1차 유형(불타는 사랑, 친구 같은 사랑, 이기적인 사랑)과 이차색에 해당하는 2차 유형(실리적인 사랑, 독점하는 사랑, 주기만 하는 사랑)으로 구분하였다.

1차 유형

• 불타는 사랑(에로스, Eros)

불타는 사랑은 열정과 성적 끌림이 특징이다. 사랑에서 가장 중요한 요건은 신체적 매력이라고 생각하며, 첫눈에 반하는 경우가 많다. 처음부터 상대를 자주 만나며 깊은 친밀감을 가지고 싶어 한다. 상대에게 강렬한 성적인 욕구를 느끼며 몸과 마음이 하나가 되기를 원한다. 그 진행 속도가 매우 빠르고, 사랑이 자신의 생활 전반을 지배하는 특성을 보인다. 사랑은 조건을 따지는 것이 아니며 자신의 사랑은 앞으로 영원할 것이며 세상에서 가장 중요하다고 믿으며, 이러한 자신의 사랑을 지키기 위해서는 무엇이든지 하려고 한다. 이들은 자신의 감정, 생각, 경험, 비밀 등 모든 것을 알리고 싶어 하고, 상대에 대해서도 알고 싶어한다. 또한 연인 간 똑같은 옷을 입는다거나 선물에 자기 이름을 새겨 넣는다거나 하면서 서로를 동일시하려고 하며, 서로의 생일이나 처음 만난 날 등 기념일을 절대로 잊지 않으려 한다.

• 친구 같은 사랑(스토르게, Storge)

오랫동안 가까운 친구로서 서로 만나 온 관계가 언제부터인지도 모르게 연인 사이가 된 사랑이다. 이들은 상대에게 첫눈에 반하는 경험은 하지 않지만 취미나 하는 일이 비슷한 사람에게서 외모보다는 상호 간의 신뢰감을 기반으로 사랑의 감정을 싹 틔운다. 서로 편하고 좋고, 취미도 비슷하고, 말을 하지 않아도 저절로 통하고 서로 감추는 것 없이 털어놓을 수 있는, 그래서 정말 친한 친구이자 서로 사랑하는 연인 사이이다. 갈등 상황이 생기더라도 서로 양보하고 합리적인 해결을 위해 노력할 줄 안다. 또한 정서적으로 안정되어 있기 때문에 서로 떨어져 있어도 초조해하지 않으며 애정 표현이 유별나지도 않다. 대개 이 같은 종류의 사랑을 하는 사람들은 정서적으로 안정되고 가족 간에 긴밀한 유대를 형성하고 있는 가정에서 자란 사람인 경우가 많다.

• 이기적인 사랑(루두스, Ludus)

사랑을 일종의 즐기기 위한 게임이나 이기기 위한 시합으로 생각하며 유혹과 도발적인 상호작용에서 오는 흥분감을 중시한다. 이들은 사랑에 빠지거나 한 사람에게 정착하지 않으려 하며 질투하는 연인을 아주 싫어한다. 한 사람의 파트너로 만족하지 못하며, 동시에 두 사람 혹은 그보다 더 많은 연인과 사랑을 나누는 것에 대해 조금도 갈등을 느끼지 않는다. 또한 쉽게 관계하는 대상을 바꿀 수 있고 상대방에 대해서도 매우 허용적이다. 연인 관계에서 두 사람 모두가 이와 같은 이기적인 사랑을 하는 경우라면 몰라도, 그렇지 않을 때에는 상대방에게 주는 상처가 클 수 있다. 이들은 사랑이 인생에서 가장 중요한 것이 아니라고 생각하기 때문에, 사랑의 결과로써 결혼을 기대하지 않는 것이 좋다. 이기적인 사랑의 특징을 고려하여, 사랑 이외에 경쟁적인 일에 도전과 다양성에 대한 욕구를 충족시키기 위해 노력할 필요가 있다.

2차 유형

• 실리적인 사랑(프래그마, Pragma)

사랑의 감정이 금전, 연령, 종교, 가치관처럼 실제적 문제에 영향을 받으며, '적합한' 기준에 일치되는 상대를 선호한다. 이들은 매우 현실적이므로, 어떤 형의 상대를 자신이 좋아하며 혹은 필요로 하는지도 정확히 알고 있다. 즉, 이들은 자기가 원하는 배우자의 외모, 교육 수준, 가정배경 및 성격 등에 관하여 구체적으로 기준을 정해 놓고 있을 뿐만 아니라 자기 자신의 장점과 단점까지도 충분히 고려하고 있다. 실제 조건을 만족시키지 않는 사람과는 결합할 수 없다고 생각하므로 조건을 가장 많이 충족시키는 사람이 나타날 때까지 참고 기다린다. 이들은 원하는 바가 이루어지지 않을 경우를 대비해서 가능한 대안적 방법까지도 충분히 생각해 놓고 있다. 그러나 실리적인 사랑을 하는 사람이라 해서 낭만의 가치를 전혀 인정하지 않는 것은 아니다. 다만 이들은 사랑이란 우선 두 사람의 실제 양립성에 기초해야 하며 또한 그것을 튼튼하게 하는 데 도움이 되는 것이어야 한다고 생각한다.

• 독점하는 사랑(마니아, Mania)

연인에 대한 질투와 집착, 소유욕이 강하고 광적이며 중독된 사랑을 한다. 이들은 자신만의 사랑에 완전히 사로잡혀 상대방의 사랑을 확인하는 일로 모든 시간과 에너지를 소모한다. 자신이 준 사랑에 대하여 상대방으로부터 확실한 보답을 받지 못하거나 배신당했을 때 강한 분노감을 나타낸다. 또한 버림받지 않을까 하는 불안으로 상대방을 의심하거나 집착하는 모습을 보이기도 하는데, 결국에는 이러한 행동이 상대방이 떠나도록 하는 결과를 가져온다. 연인과의 결별 이후 사랑에 실패했다는 사실 자체가 너무 괴로워 그 원인이 무엇이었나 혼자서 곰곰이 분석해 보기도 한다. 이러한 독점하는 사랑을 하는 사람들은 자신이 어린 시절 불행했다고 생각하는 경우가 많으며, 현재 생활에서도 고독감을 많이 느낀다. 이들은 상대방을 진정으로 사랑해서라기보다는 사랑을 하고 있어야겠다는 강한 욕구에 강박적으로 끌려가는 사람일 수 있다.

• 주기만 하는 사랑(아가페, Agape)

아무 조건 없이 사랑하고 돌봐 주며, 상대방을 위하여 자신을 희생하고 헌신하기를 좋아하는 자기희생적이면서 타인 중심적인 특징을 가진다. 진정한 사랑이란 받는 것이 아니라 주는 것이며, 자기 자신보다는 사랑하는 사람의 행복을 더 생각하며 상대방의 희망과 목표를 성취할 수 있도록 하기 위하여 자신의 희망이나 목표는 유예하거나 포기할 수도 있다. 이들은 상대방이 자신에게 심리적 고통을 안겨 줄 때에도 너그러운 자비심을 베풀며, 아무리 아픈 상처를 주고 못된 행동을 하더라도 끝까지 참아 준다. 상대방이 나를 필요로 하는 한 상대방이 나를 좋아하지 않아도 사랑을 포기하지 않으며, 반대로 내가 상대방을 사랑한다 하더라도 상대가 나 아닌 다른 사람을 더 사랑한다면 기꺼이 물러날 수도 있다. 주기만 하는 사랑은 상대방이 나를 얼마나 필요로 하는가가 중요하기 때문에, 더 이상 나를 필요로 하지 않는다고 확신할 경우에만 그들의 사랑은 끝이 난다.

앞서 활동지 1의 사랑 유형 검사를 통해 내가 어떤 사랑을 중요하게 생각하고 가치를 두는지 알 수 있다. 주의할 점은 한 유형에서 모두 'YES'를 답하고 다른 유형에서 모두 'NO'를 답하는 사람은 없으며, 대부분의 사람은 여러 유형을 복합적으로 갖고 있다는 것이다. 또한 개인의 성향뿐만 아니라, 현재 내가 누구를 만나 사랑을 하는지에 따라 사랑 유형은 달라질 수 있다. 아메랑

(Amelang, 1991)에 따르면, 사랑의 유형 중 독점하는 사랑, 실리적인 사랑, 주기만 하는 사랑은 개인 성향의 영향을 받으며, 불타는 사랑, 친구 같은 사랑, 이기적인 사랑은 상대방에 따라 영향을 받는다고 한다.

나의 연인에게도 사랑 유형 검사를 권유해 보자. 서로에 대해 새로운 사실을 발견하게 될지도 모른다. 자신과 연인이 사랑을 정의하는 방식이 반드시 같을 필요는 없으며, 나의 연인이 사랑을 어떻게 정의하는지를 알고 서로를 이해하려는 자세가 필요하다.

연인 간 힘의 균형

나와 연인의 힘의 균형을 살펴보는 것 또한 연인 사이에 매우 중요하다. 모든 인간관계에서 힘의 균형은 중요하지만 애정이 기반이 되는 연인 관계에서 서로에 대한 애정의 깊이, 정도에 따라 힘의 균형이 깨지면 관계에 부정적인 영향을 줄 수 있다. 어느 한쪽이 언제나 순종적이어야 하며 하고 싶은 말을 하지 못하고, 반대로 한쪽은 상대의 말을 무시하고 지배하려고만 들 경우는 문제가 생기게 마련이다. 어느 한쪽이 참지 않으면 안 되는 관계는 아주 위험한 줄다리기 상태라 할 수 있다.

연인 사이에서도 언제나 참는 쪽이 견딜 수 있을 때까지 서로의 관계는 유지되지만, 더 이상 견디지 못할 때는 그 관계는 파국으로 끝나게 된다.

우리 사랑 냉정과 열정 사이

◈ 나와 연인의 사랑 유형을 작성해 보고, 서로가 잘 맞는 이유와 잘 맞지 않는 이유를 적어 보세요(연인의 사랑 유형은 평소 연인의
　행동이나 태도 등을 짐작해서 작성해 보세요).

나의 사랑 유형은?	연인의 사랑 유형은?	연인 간 힘의 균형은?
우린 이런 점이 잘 맞아요! 같아요! 좋아요!		
예) 대화가 잘 통한다, 가치관이 비슷하다, 좋아하는 음식이 같다		
우린 이런 점은 안 맞아요! 달라요! 싫어요!		
예) 성격이 너무 다르다, 싸우면 말을 안 한다, 취미가 다르다		(　　　) (　　　　) 작은 그림과 큰 그림 중 어느 쪽이 나와 연인인가요?

3. 나의 사랑 관리(만남)

　우리는 호감이 가는 상대를 만나면 그 사람과 연인관계가 되기 위하여 많은 노력을 기울인다. 옷차림이나 태도, 말투 등 평소에 신경 쓰지 않았던 부분에 대해서도 관심을 갖고, 부족한 부분이 있으면 고치려고 애쓴다. 자신뿐만 아니라 상대방의 생각이나 감정 등에도 촉각을 세우고 상대의 마음에 들기 위하여 무수히 많은 노력을 하게 된다. 그러나 막상 사랑을 시작한 후에는 처음과 같은 노력을 기울이지 않는다. 프롬(Fromm, 1956)은 사랑이란 즐거운 감정이라기보다는 기술(art)이며, 사랑하기 위해서는 지식과 노력이 필요하다고 했다. 사랑을 시작하기 위한 노력만큼 사랑을 유지하기 위한 노력 또한 중요하다. 사랑을 오래 유지하기 위한 다양한 방법을 살펴보자.

서로에 대한 신뢰가 가장 중요하다

　연인관계의 출발점은 서로에 대한 신뢰가 밑바탕이 되어야 한다. 서로에 대한 신뢰 없이는 어떠한 관계도 건강하게 오래 유지될 수 없다. 신뢰가 결여된 관계는 오해나 갈등이 생기기 쉽다. 서로에 대한 신뢰가 있다면 어려운 상황에서도 서로 합심하여 현명하게 대처할 수 있을 것이다.

남녀의 차이를 이해하고 존중해야 한다

　남자와 여자는 심리적으로 서로 다른 특징을 가지고 있기 때문에 서로에 대한 오해와 불만이 생겨나기 쉽다. 그레이(Gray, 1992)에 따르면 남자는 사랑받는 것, 가치를 인정받는 것, 수용되는 것, 신뢰받는 것이 중요하며, 여자는 사랑받는 것, 존중받는 것, 이해

받는 것, 보살핌을 받는 것이 중요한 일차적 욕구라고 보고 있다. 남녀의 본질적인 차이를 인정하고 서로를 이해한다면, 사랑은 오래도록 지속될 수 있다.

서로의 성장과 변화를 지지하고 응원한다

똑같은 모습으로 멈춰 있으면 자극도 없고 매력도 없어진다. 상대뿐만 아니라 나 스스로도 변화가 필요하다. 서로가 새로운 도전을 하고 성장할 수 있게 적극 응원해 줄 필요가 있다. 어려운 과정을 극복하고 변화된 모습을 통해 서로가 또 다른 모습을 발견하게 된다.

사랑과 일의 균형이 필요하다

간혹 사랑에 빠지면 자신의 일을 등한시하는 경우가 있다. 일을 하면서 쏟을 에너지를 모두 상대에게 집중하게 되는데, 자칫 잘못하면 상대에게 집착하게 될 수도 있다. 프로이트(Sigmund Freud)는 개인의 행복은 일과 사랑으로 이루어진다고 했다. 사랑과 일이 균형을 이룰 때 사랑은 오래 유지될 수 있다.

사랑은 변한다는 것을 받아들여야 한다

이 세상에 변하지 않는 것은 아무것도 없다. 사랑도 변할 수 있음을 인정해야 한다. 사랑은 시간이 흐름에 따라 열정은 감소하고 친밀감은 늘어난다. 사랑의 색깔로 변하는 것이지 없어지거나 사라지는 것이 아니다. 변화된 사랑의 색깔을 받아들이고 잘 유지해 나가기 위한 서로의 노력이 중요하다.

연인에 대한 기대 수준을 낮춰야 한다

기대가 크면 실망도 크다. 사랑하는 사이기 때문에 모두 자신에게 맞춰 주거나, 부탁하지 않아도 알아서 도와주리라는 기대에서 벗어나야 한다. 필요하거나 요청할 것이 있으면 상대에게 정확하게, 구체적으로 표현해야 한다.

갈등 상황을 해결하기 위한 서로의 노력이 필요하다

친밀한 관계일수록 여러 갈등을 경험하게 된다. 연인관계를 해치는 것은 갈등 그 자체라기보다 갈등을 해결하려는 노력이 실패하기 때문이다. 갈등 상황에서 서로의 문제를 잘 다루고 해결해야만 서로 간의 사랑은 더 깊어질 수 있다.

감정에 솔직해야 한다

서로의 관계를 위해 화난 감정을 억누르고 다른 식으로 표현하는 경우가 있다. 이러한 행동은 상대에게 오해를 불러 관계를 악화시키기도 하고, 스스로도 불편한 감정을 억압하다가 언젠가 폭발하기도 한다. 연인관계를 잘 유지하기 위해서는 서로의 감정을 솔직하게 이야기할 수 있어야 한다.

잘못에 대해 자존심을 내세우지 말아야 한다

잘못이 있으면 자존심을 내세우지 말고 즉각 사과해야 한다. 미안하다는 말을 불편하지 않게 할 수 있어야 오래도록 좋은 관계를 유지할 수 있다.

상대를 바꾸려 하지 말아야 한다

상대가 마음에 들지 않는 부분이 있더라도 억지로 고치려 하거나 새로운 사람으로 만들려고 하지 말아야 한다. 서로 있는 그대로를 수용할 줄 알아야 하며, 상대를 변화시키기 전에 자신부터 달라질 부분은 없는지 살펴보아야 한다.

사소한 일에도 감사의 마음을 표현할 줄 알아야 한다

언제나 서로에 대한 감사의 마음을 잊지 말아야 한다. 그러나 시간이 지날수록 서로에 대한 감사하는 마음보다 당연한 마음을 가지게 된다. 감사하는 마음은 상대의 행동에 대한 가치를 인정하는 것이다. 감사한 마음을 표현함으로써 상대가 기쁨과 충만함을 느낄 수 있도록 해야 한다.

함께할 수 있는 활동을 찾아야 한다

같이 할 시간을 만들어 공동의 관심사나 함께 참여할 수 있는 취미를 갖도록 한다. 즐겁고 의미 있는 체험을 공유하면서 대화의 주제는 늘어나고 정서적 공감대는 높아질 수 있다.

성적인 친밀감도 중요하다

연인을 꼭 껴안아 주고 서로 스킨십을 자주 해야 한다. 그러나 중요한 것은 서로가 원하고 합의된 행위여야 한다는 점이다. 언제나 서로를 배려하는 모습을 통해 성숙한 사랑을 이어 나갈 수 있다.

4. 나의 사랑 관리(이별)

연인관계가 끝나면 대부분 상실의 아픔과 슬픔을 경험하게 된다. 개인마다 경험하는 정도가 다를 수 있으나 사랑하는 관계의 상실로 유발되는 공통적인 반응은 크게 네 가지로 나눌 수 있다(김묘정, 2008). 첫째, 정서적 반응으로는 우울, 분노, 죄의식을 말하며, 둘째, 신체적 반응으로는 피로, 식욕 상실, 불면증 등이 있다. 셋째, 행동적 반응으로는 수업 빠짐, 공부하기 힘듦이 있으며, 넷째, 인지적 반응으로는 과잉 일반화, 흑백 논리적 판단 등의 경향성이 있다.

이러한 여러 이별의 반응에 휩쓸려 스스로를 괴롭히기보다 이별을 극복하기 위한 피나는 노력을 해야 한다. 우리는 이별의 아픔을 잘 극복했을 때, 삶의 의미와 방향을 찾고 인간관계가 넓어지며 자신에 대한 상이 긍정적으로 변할 수 있다.

이별했다는 사실을 인정해야 한다

진짜 불행은 이별 그 자체보다 그것을 받아들이지 않는 것에서 시작된다. 이별 후 오랜 기간 힘들어하는 것은 이별을 인정하지 않고 상대가 돌아올 것이라는 기대가 있기 때문이다. 상대의 마음을 돌리기 위해 전화를 하거나, 메일을 보내거나 집 앞에 찾아가기도 하는데, 이러한 행동은 서로에 대해 더 큰 상처만 줄 뿐이다. 이별을 빨리 인정할수록 이별을 빨리 극복할 수 있다.

충분히 아파하고 슬퍼해야 한다

이별로 아파하는 것은 자연스럽고 정상적인 반응이다. 이러한 감정을 부정하는 것이 더 문제가 될 수 있다. 많은 사람이 이별로 인해 힘들어 하지만, 결국에는 아픔을 이겨 냈다는 사실을 잊지 말아야 한다. 이별의 고통을 충분히 느끼고 표현할수록 빨리 치유

된다. 그러나 아파하는 과정이 장기화되지 않도록 주의해야 한다.

이별의 원인과 과정을 분석해야 한다

서로에 대한 열정이 식었거나 불만과 갈등을 해결하지 못해 자연스럽게 이별했을 수도 있으며, 연인에게 새로운 사람이 생겨 헤어졌을 수도 있다. 또는 사랑받고자 하는 지나친 욕구로 인한 집착이나 사랑에 대한 비현실적인 기대와 사랑이 원인일 수 있다. 이러한 이별의 원인을 찾는 과정을 통해 여러 교훈을 얻을 수 있다. 자신의 약점과 결핍을 모두 받아들일 수 있어야 새로운 사랑에서 같은 실수를 반복하지 않으며 성숙한 사랑을 오래도록 유지할 수 있다.

일상생활과 인간관계에 집중해야 한다

연인의 빈자리를 학업이나 다른 여러 일에 집중하며 허전함을 메울 수 있다. 집에 가만히 있기보다 새로운 약속을 만들어 친구를 만나면서 자신의 아픔을 이야기하고 위로 받아야 한다. 이러한 과정을 통해 아픔도 서서히 치유될 수 있다. 자신의 삶에 집중하고 충실히 임하다 보면 한결 성숙해진 자신을 발견하게 된다.

자신을 사랑해야 한다

이별로 인해 과도한 음주를 하거나 무절제한 생활을 하면서 스스로 망치는 행동을 해서는 안 된다. 이 세상에서 가장 소중한 사람은 자신이며, 모두에게 사랑받을 가치가 있는 존재임을 잊지 말아야 한다. 또한 나 스스로 나를 세상에서 가장 소중한 존재로 여길 때, 비로소 나를 아껴 줄 새로운 사람을 만나게 된다.

연인과의 이별은 다른 어떤 경험보다도 깊은 슬픔과 상처가 남는다. 사랑이 끝나면 자신의 인생 또한 끝났다고 받아들이는 경우도 있다. 그러나 불행한 연인관계를 지속하는 것이 스스로의 인생을 망치는 길일 수 있다. 헤어짐은 그 사람과의 사랑은 끝났지만, 새로운 사랑이 시작된다는 의미도 포함된다. 이별은 새로운 인연을 만나기 위한 과정임을 잊지 말아야 할 것이다.

이별에 대한 고찰

◆ 연인과의 이별 경험을 떠올리며, 다음의 내용을 작성해 보자.

(최근) 연인과 이별한 이유는?	
나에게는 어떠한 문제가 있었나?	
연인에게는 어떠한 문제가 있었나?	
비슷한 이유로 이별을 반복한다면, 그 원인은 무엇일까?	
반복되는 이별을 하지 않기 위한 앞으로의 다짐은?	

내가 바라는 결혼생활은?

● 숲속에서 길을 잃어버린 당신. 숲을 잘 아는 동물에게 길 안내를 부탁해야 합니다. 당신은 어떤 동물에게 길 안내를 부탁하시겠습니까?

1. 고양이　　2. 원숭이　　3. 곰　　4. 토끼

고양이: 당신은 개인 사생활을 지키는 결혼생활을 바랍니다. 서로 간섭하지 않고 부부 각자의 삶을 존중해 주는 결혼생활을 바랍니다. 결혼을 하더라도 하고자 하는 일에 대해 간섭 받지 않고 각자의 취미생활이나 사생활이 존중되는 결혼생활을 원합니다.

원숭이: 당신은 자유로운 결혼생활을 바랍니다. 결혼은 했지만 결혼 전에 생활하던 것들을 그대로 이어 가고 싶어 합니다. 결혼을 하더라도 가정에만 얽매이지 않고 독신 감각을 유지하고 친구들과 자주 만나거나 이성친구들과도 편하게 만날 수 있는 자유로운 결혼생활이 되기를 희망합니다.

곰: 당신은 여유가 있으며, 편안한 결혼생활을 바랍니다. 집이라는 공간 안에서 여유를 즐기면서 편안하게 쉴 수 있는 그런 결혼생활을 원합니다. 집에서만큼은 최대한 편한 옷차림에 편하게 쉬는 안락한 결혼생활을 희망합니다.

토끼: 당신은 안정적이고 화목한 결혼생활을 바랍니다. 인생의 가장 큰 안식처는 가족이라고 생각하며, 안정적인 가정을 꾸리고 싶어 합니다. 가족의 행복을 최우선시 하며 웃음이 넘치는 화목한 가정을 꿈꿉니다. 따뜻하고 서로를 배려하는 좋은 아내, 좋은 남편이 되고 싶어 합니다.

5. 결혼에 대한 이해

연인들이 사랑에 빠지고, 이러한 사랑의 결실로 결혼에 이른다. 그러나 최근 통계청의 2022 사회조사 결과에 따르면 '결혼을 해야 한다'고 생각하는 사람의 비중은 50.0%로 2년 전보다 1.2% 포인트 감소했다. 미혼 남자의 경우 36.9%만, 미혼 여자의 경우 22.1%만 결혼을 해야 하는 것으로 봤다. 또한 '결혼해도 좋고, 하지 않다도 좋다'는 답변은 43.2%, '결혼하지 말아야 한다'가 3.6%로 집계됐다.

이렇듯 결혼은 반드시 해야 한다는 인식이 점점 줄어들고 있다. 이러한 사회 전반적인 흐름 속에 '나도 남들처럼 결혼을 하지 말아야겠다'고 결정하는 경우가 있다. 그러나 인생에서 가장 중요한 결정인 결혼을 사회 분위기에 휩쓸려 결정하기보다는 주체적인 삶을 위해 사랑과 결혼에 대해서도 나만의 명확한 기준을 세우는 것이 무엇보다 중요하다.

결혼을 하지 않겠다면 어떤 이유 때문인지에 대해 심도 있게 자신을 들여다보고, 그 이유가 해결 혹은 극복해 나가야 할 개인의 상처 혹은 문제점인지 아니면 사회 흐름 속에 나에게 맞는 합리적인 선택인 것인지 판단해 볼 필요가 있다. 또한 독신의 삶에 대한 자유와 어려움을 미리 생각하고 조금씩 대비하는 자세가 필요할 것이다.

반면 결혼을 하겠다면 왜 결혼을 하고 싶은지, 어떠한 사람과 결혼을 할 것인지, 결혼 후 어떠한 삶을 살 것인지 등에 대해서도 생각해 봐야 한다. 결혼이라는 이벤트 하나로 인생과 모든 상황이 드라마틱하게 바뀌지 않는다는 것을 명심해야 한다. 현실적인 결혼생활을 떠올려 보고, 나 자신이 그러한 삶을 슬기롭게 대처할 수 있는 사람인가 하는 점을 살펴보아야 한다.

특히, 자신이 생각하는 결혼생활에 맞추어 줄 수 있는 상대를 만나기 위해 애쓰기보다 스스로 결혼이라는 무게를 짊어질 성숙한 사람이 되고자 하는 노력이 선행되어야 할 것이다.

결혼이 주는 의미

◈ 결혼을 하고 싶다면, 어떠한 이유로 결혼을 하고 싶은지 체크해 보자(복수 체크 가능).

결혼의 긍정적 동기	사랑의 실현 성적인 욕구 충족 경제적 안정 유지 정서적 안정 유지 자녀 출산의 기회(부모 역할) 성인으로서의 신분 획득 사회적 기대에의 부합 개인적 성취감	결혼의 부정적 동기	순간적인 열정 자아 도피적인 결혼 외로움을 피하기 위하여 지위 상승의 수단 혼전 임신 기타

◈ 결혼이 나에게 주는 긍정적 · 부정적 의미에 대해 작성해 보자.

결혼의 긍정적 의미	결혼의 부정적 의미

3ON action plan

구분	내용
ON Self-Reflection 자아성찰	※ **[과거]** 이 활동을 하기 전까지의 나는?
ON Realistic Goal 현실목표	※ **[현재]** 지금의 나는?
ON New Movement 대안실행	※ **[미래]** 나의 미래를 위해 지금부터 새롭게 실천해야 하는 것은?
지금 나의 점수는?	① ② ③ ④ ⑤ ⑥ ⑦ ⑧ ⑨ ⑩ 점

나의 평생학습과 직업

평생학습은 당신을 젊게 할 것이다.
평생학습을 하면 뇌세포가 늙지 않는다.
뇌세포가 건강하면 육체적으로도 건강을 유지할 수 있다.
사람은 호기심이 없어지면서부터 늙는다.
배우면 젊어지고 삶을 즐길 수도 있게 된다.

- 피터 드러커 -

내가 꼭 배우고 싶은 것

◈ 내가 살면서 배우고 싶었던 것과 그 이유를 찾아보자.

구분	Content	Why
배우고 싶었던 것		
언제		
배운 시기		
아직 못했다면 언제 할까?		

1. 평생학습

평생학습이란 무엇일까?

평생학습(平生學習, lifelong learning)이란 교육 및 훈련을 포함하는 통합적인 개념으로, 형식적인 학습은 물론 일상생활 및 직업 속에서 이루어지는 비형식·무형식 학습까지 포괄하는 넓은 의미를 지닌 학습이다.

평생학습의 개념을 한마디로 정의하기는 매우 어려운 측면이 있다. 평생교육의 개념을「평생교육법」에서는 다음과 같이 정의하고 있다. 평생교육이란 학교의 정규교육과정을 제외한 학력보완교육, 성인 기초·문자해득교육, 직업능력 향상교육, 인문교양교육, 문화예술교육, 시민참여교육 등을 포함하는 모든 형태의 조직적인 교육활동을 말한다. 즉, 우리나라의「평생교육법」에서는 학교의 정규 교육과정을 평생교육의 범주에서 제외시키고 사회교육활동에서 나타나는 조직적 교육, 좀 더 엄밀하게 말하면 비형식적(non-formal) 교육을 평생학습으로 정의하고 있는 것이다.

인간은 누구나 평생에 걸쳐서 교육을 받는 것이 현대사회의 특징이며, 평생 동안 받는 모든 교육은 모두 그 나름의 가치를 지니고 있다. 그런데 학교 중심의 현대 교육은 국민교육에 최대의 목표를 두어 왔으므로, 교육에서의 주체는 당연히 교사, 학교, 국가 또는 사회 등 교육 실시자라는 인식이 지배적이었으며, 학습자는 교육의 대상으로만 인식되었다. 만약 이러한 관점이 계속 견지된다면 평생학습시대에는 모든 사람이 평생토록 타율적 교육의 굴레에 갇히게 됨을 의미한다. 따라서 인간은 교육의 수동적 대상으로 평생을 살아갈 수도 있는 것이다. 하지만 평생학습론은 개개인이 주체적 학습자로서 평생에 걸친 학습 생활을 주체적으로 관리하도록 지원하는 제도가 새 시대의 교육제도라고 주장하는 관점이다.

평생학습론은 가르치고 배우는 교육활동에서 학습자를 수동적 존재가 아니라 능동적이고 적극적인 존재로 인식하고, 학습자 입장에서 평생에 걸친 교육의 문제를 다루려는 입장이며, 교육자 본위의 기존 교육학을 비판하고 학습자 본위의 새로운 교육학을 추구하는 대안적 이론이다.

평생학습은 한 개인이 태어나서 죽기 전까지의 수직적 통합과 가정과 학교를 포함한 모든 생활공간의 수평적 통합을 통하여 언제, 어디서나 필요한 때 자신의 학습욕구를 충족시킬 수 있는 형식적 · 비형식적 · 무형식적 교육활동이다(차갑부, 2014). 평생학습의 개념은 학자에 따라 다양한 개념적 정의를 내리고 있다. 최근에 와서는 평생교육을 평생학습이란 용어와 대비하거나 대체하여 사용하는 경우도 많은 것으로 나타나고 있다. 평생교육은 유네스코에서 제창한 개념으로, 이는 전통적인 학교교육에 대한 비판에서 시작되었다. 사회의 급격한 변화에 대응하기 위해서는 평생에 걸쳐 학습을 계속하지 않으면 안 되었기 때문이다.

그러나 1980년대에 접어들면서 평생교육 이념에 대한 비판이 일어나기 시작하였다. '강제된 교육' 개념에서 '주체적 학습의 개념'으로, 또는 '교육하는 측'에서 '학습하는 측'으로의 관점의 전환이 일어났다. 즉, 평생학습의 개념이 등장한 것이다.

이와 같은 평생학습과 평생교육의 개념 차이를 보면 다음과 같다.

평생학습	평생교육
학습자 중심	교육자 중심
우발적 · 무형식적	조직적 · 구조적
자유	강요
학습자의 자발적 활동	학습에 대한 환경 정비와 다양한 지원 활동

왜 평생 공부를 해야 하나?

공부의 목적은 자기 삶의 본질을 찾는 작업이며, 이는 자기 신뢰가 바탕이 된 후에 끊임없이 성찰하고 수련해야 한다. 하지만 요즈음은 사회의 잣대에 자신을 맞춰 버려 내가 누구인지 모른 채 살아가기 쉽다. 과거와 달리 퇴직 후에도 40~50년의 여생이 남아 있다고 본다면 퇴직 후의 삶을 준비해야 한다. 혹시 내가 누구인지 지금까지 찾지 못하고 있다면 자신의 본성이 무엇인지 이제라도 찾아서 퇴직 후 조금 여유로워질 때에도 지속적으로 업그레이드해야 한다. 이는 100세 시대로 접어들면서 평생교육의 중요성이 더욱 강조되고 있는 이유이다.

평생학습의 방법

평생학습의 방법은 개별적인 교육 프로그램으로 구성되어 있으므로 그 방법 역시 매우 다양한 형태를 띠고 있다. 보통 학교에서 실시하는 정기적인 강좌 이외에 공개강좌, 현장견학, 강습회, 연구회, 토론회, 실험실습, 노작경험, 시청각 교육, 개인 및 집단학습, 통신교육 및 대중매체를 활용한 교육 방법이 있다. 그 외에 특별한 계절이나 날짜, 시간 등을 정해서 하는 계절제, 정일제 및 야간교육 등 다양한 형태로 운영된다. 인터넷이나 통신매체를 활용하는 교육은 사회교육이나 비형식적인 교육에서 매우 중요한 역할을 담당하고 있다. 저렴한 비용으로 시간과 공간의 제약이 거의 없이 실시되는 통신교육이나 인터넷, 사이버교육 등은 형식적인 학교교육에 비해 장점이 다양하다. 즉, 저렴한 비용에 시간과 공간의 제약을 넘어 개인의 생활에 지장을 초래하지 않으면서 누구나 손쉽게 교육의 기회를 얻을 수 있기 때문이다.

평생학습의 형태

평생학습의 형태는 실시하는 시설, 기관과 장소에 따라 형태가 다양하다. 평생학습의 형태는 크게 다음과 같이 분류할 수 있다.

- 학교중심의 평생학습 형태로 학교의 시설과 설비를 개방하여 실시하는 교육으로, 어머니교실, 시민교양강좌, 꽃꽂이강좌, 사진촬영강좌 등 다양한 형태의 교육
- 공민학교나 기술학교, 개방대학, 방송통신대학 등 준학교 형태의 기관에서 실시하는 교육
- 사설학교 형태, 즉 사설학원에서 평생교육기관의 인증을 받아 실시하는 교육
- 공공성을 가진 민간단체(YMCA, YWCA, 적십자단체, 유네스코 등) 등에서 실시하는 교육
- 공공기관이나 산업체에서 실시하는 평생학습, 구민회관이나 문화센터, 동사무소 등에서 실시하는 교육
- 평생교육시설에서 실시하는 평생교육으로, 각 구청의 도서관, 박물관, 문화원 등에서 실시하는 교육
- 대중매체의 평생교육으로 신문, 방송, 잡지에서 실시하는 교육
- 인터넷이나 사이버 네트워크를 통해 실시하는 교육

평생학습의 목적

평생학습의 궁극적인 목적은 개인의 삶의 질을 향상시키고 사회의 안녕과 복지를 증진시키기 위하여 실시한다. 개인적 목적을 달성하기 위한 평생학습은 각 개인이 가지고 있는 무한한 잠재적 가능성을 계발하도록 해 줌으로써 자아실현을 달성하도록 도와주고 있다.

평생학습의 목적을 구체적으로 정리하면 다음과 같다.

- 평생학습은 개인적 · 사회적으로 인간의 삶의 질을 나선형으로 향상시키는 것을 목적으로 한다.

- 한 개인의 생존 기간 전체에 걸쳐서 이루어지는 교육을 수직적으로 통합한다.

- 가정, 사회, 학교에서 이루어지는 교육을 수평적으로 통합한다.

- 평생학습은 계획적인 교육과 우발적인 학습을 모두 포함하는 특성이 있다.

- 평생학습은 평생에 걸친 교육 기회의 균등화 및 확대에 노력한다.

- 평생학습은 발달과업의 학습을 중요시한다. 즉, 인생의 각 발달 단계에서 학습해야 할 내용을 학습함으로써 장래 생활의 행복 등을 가능하게 한다.

- 평생학습은 교양교육과 전문교육의 조화와 균형을 유지한다.

- 학교학습은 평생교육의 관점에서 그 뜻을 찾는다.

평생학습 계좌란?

평생학습의 중요성이 증대하면서 형식 학습과 비형식 · 무형식 학습의 등가성 문제와 함께 비형식 · 무형식 학습의 사회적 인정 (Recognition), 타당화(Validation)와 공인(Accreditation) 문제가 활발히 논의되고 있다. 이미 독일, 유럽연합, 뉴질랜드, 일본 등에서는 오래전부터 평생학습 차원에서 개인학습이력관리를 가능하게 하는 제도를 구축하고, 비형식 · 무형식 학습 결과에 대한 평가방법 개발 및 활용 등의 정책을 가시화하고 있다. 이러한 세계적인 흐름에 더하여 한국에서도 개인의 학습 결과를 사회적으로 인정하기 위한 학습이력관리제도로서의 평생학습계좌제가 태동하였다. 평생학습계좌제의 모태는 '교육구좌제'로 1995년 5 · 31 교

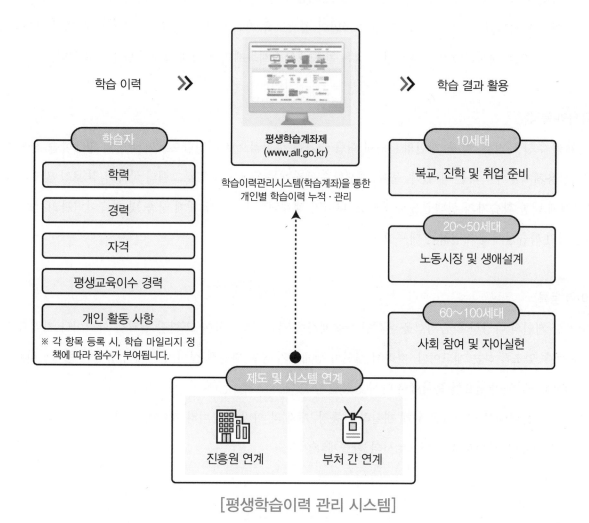

학습 이력 ≫ 평생학습계좌제
(www.all.go.kr)

학습 결과 활용 ≪

학습자

학력

경력

자격

평생교육이수 경력

개인 활동 사항

※ 각 항목 등록 시, 학습 마일리지 정책에 따라 점수가 부여됩니다.

학습이력관리시스템(학습계좌)을 통한
개인별 학습이력 누적·관리

10세대

복교, 진학 및 취업 준비

20~50세대

노동시장 및 생애설계

60~100세대

사회 참여 및 자아실현

제도 및 시스템 연계

진흥원 연계

부처 간 연계

[평생학습이력 관리 시스템]

육개혁 2차안에서 처음 논의되었다. 당시 교육구좌제는 국민의 평생교육 기회 확대와 평생학습 경험의 체계적 관리를 통한 국가 인적자원 개발 촉진 전략으로 제시되었지만, 이러한 이념은 현 평생학습계좌제의 목적에 그대로 반영되고 있다.

평생학습계좌제의 목적

평생학습계좌제의 추진 목적은, 첫째, 개인의 다양한 학습 결과를 사회적으로 인정함으로써 국민의 평생학습 참여를 촉진하고 능력 중심의 인재활용체제를 구축하는 데 있다. 둘째, 평생학습 계좌제는 평생교육 프로그램의 국가적 질 보장 및 DB 관리를 통해 평생교육 프로그램에 대한 학습자의 선택권을 보장하고, 나아가 체계적인 학습상담체제 구축 및 학습이력관리시스템 활용을 통해 학습자의 효율적인 학습설계를 지원하는 데 주요 목적이 있다.

개인별 학습이력 등록

평생학습계좌제란 개인의 다양한 학습경험을 온라인 학습계좌에 기록·누적하여 그 학습 결과를 학력이나 자격과 연계하거나 고용 정보로 활용할 수 있도록 하는 제도이다. 따라서 개인이 생애주기 동안 다양한 삶의 영역에서 참여한 형식·비형식·무형식 학습 등을 학습계좌에 누적하여 필요한 분야에서 다시 활용할 수 있다.

또한 '계좌'의 의미는 은행에서 입출금을 위해 개설하는 통장 '계좌'의 의미가 아니라 개인이 자신의 학습이력을 온라인 공간에 차곡차곡 누적하는 의미에서 '가상계좌' 개념으로서의 '학습계좌'이다.

학습이력의 기록 · 누적

자신의 학습이력을 등록하고자 하는 개인은 학습이력관리시스템(http://www.all.go.kr)에 접속하여 회원 가입하고 자신이 참여한 다양한 학습이력을 등록한다. 학습경험을 기록 · 누적한 개인은 온라인상에서 자신의 학습이력을 한눈에 파악할 수 있고 이를 통해 체계적인 학습설계가 가능하다.

평생학습계좌, 왜 필요한가?

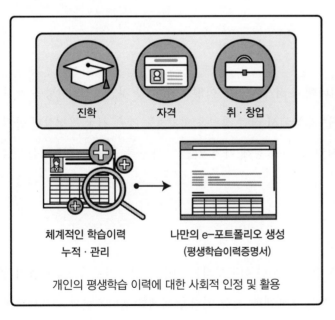

개인의 평생학습 이력에 대한 사회적 인정 및 활용

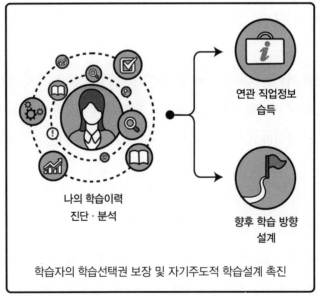

학습자의 학습선택권 보장 및 자기주도적 학습설계 촉진

개인의 평생학습 이력을 나만의 e-포트폴리오로 생성하고 체계적으로 관리하여 사회적 인정과 진학, 자격증 취득과 취업, 창업에 활용할 수 있게 된다. 이를 통해 자신만의 학습이력을 진단·분석할 수 있고 관련 직업에 대한 정보를 습득하거나 향후 학습 방향을 체계적으로 설계할 수 있도록 돕는다. 이는 학습자의 학습 선택권을 보장하고 자기주도적 학습설계를 촉진한다.

2. 평생학습과 직업

미래의 직업

테일러 피어슨(Taylor Pearson, 2017)은 『직업의 종말』에서 현시대에 우리가 무엇을 어떻게 해야 할 것인지, 그 방향을 제시한다. 저자는 믿기 어려울 정도로 복잡하고 모든 것이 시시각각 변화하는 세상에서 직업 경력을 계획하는 것은 결국 좌절감만 안겨 주는 무의미한 행위라고 이야기하면서 자신만의 능력과 기술을 발전시키고, 이를 통해 가치 있는 기회를 추구하는 데 초점을 맞추라고 말한다.

일자리 자체가 부족해지고 있다

1948년부터 2000년까지 일자리가 인구보다 1.7배 빨리 성장했지만, 2000년 이후부터는 인구가 일자리보다 2.4배 빨리 성장했다. 일자리 자체가 부족한 것이다. 게다가 전 세계적 교육 수준의 향상과 세계화, 노동 인력을 대체할 첨단기술과 소프트웨어의 비약적 발전은 한정된 일자리를 두고 답이 없는 무한경쟁을 벌이게 만들고 있다.

학위의 가치가 낮아지고 있다

랜던 크라이더는 조지아 주립대학을 졸업한 재원이지만 회사에서 잔심부름을 한다. 매건 파커는 연봉 3만 7천 달러를 받으면서 회사 접수원으로 일한다. 번 돈은 10만 달러의 학자금 대출을 갚는 데 고스란히 쓰고 있다. 랜던과 매건의 사례는 이례적인 게 아니다. 애틀랜타의 한 로펌은 모든 직원에게 대학 학위를 요구한다. 심지어 문서 정리만 하는 직원이라도 학위가 있어야 한다. 좋은 학위로 멋지고 안정적인 전문직을 얻는다는 건 이제 꿈에 불과하다.

직업적 미래가 사라지고 있다

콜럼버스에서 회계사로 일하는 맥스는 자신이 안정적인 직업에 종사한다고 믿으며 10년을 일해 왔다. 해마다 오르는 연봉이 그의 믿음을 대변해 주는 듯했다. 하지만 어느 해 회사의 매출이 하락하자, 인사팀에서는 비교우위에 있는 다른 인력이 맥스의 일을 대신하게 되었다는 말과 함께 그를 하루아침에 해고한다. 10년 전 그가 계획한 직업적 미래가 아니었지만, 오늘날 시스템에 모든 걸 맡기는 '직업인'이라면 그 누구도 피할 수 없는 운명이다.

안전해 보이는 것이 가장 위험한 것이다

우리는 불확실성을 두려워한다. 그래서 '직업'이라는 예측 가능하고 안전한 울타리에서 미래를 계획하려는 경향이 있다. 게다가 월급이라는 '안정적인' 마약을 끊기도 어렵다. 하지만 그 마약을 끊고 불확실한 세상 속에 던져졌을 때는 어찌할 바를 모른 채 혼돈에 빠지고 만다. 추수감사절 칠면조 신세가 되는 것이다. 실은 가장 예측 불가능하고 불안정한 것이 직업이라는 사실을 그제야 깨닫게 된다.

이제 직업은 역사상 가장 위험하고 믿을 수 없는 일이 되어 버렸다!

전 세계적 교육 수준의 향상과 세계화, 노동 인력을 대체할 첨단기술과 소프트웨어의 비약적 발전은 한정된 일자리를 두고 답이 없는 무한경쟁을 벌이게 만들고, 학위의 가치는 낮아져 좋은 학위로 멋지고 안정적인 전문직을 얻는다는 것이 꿈이 되어 가고, 직업적 미래가 사라지고 있는 지금, 직업의 시대가 종말을 고하고 있다.

피어슨은 지식보다 창업가 정신이 중요한 시대로 넘어가는 전환기에 가장 득을 보는 개인들은 창업 활동에 발 빠르게 공격적인 투자를 한 사람들이라고 이야기하면서 가능한 옵션 중에 고르기보다 자신의 것을 만들고, 스스로 설계자가 되라고 조언한다. 자유롭게 선택한 임무를 향해 분투하며 성장하기 위해 시간을 보낼 때, 우리는 더 나은 성취를 이루게 된다고 이야기하면서 내가 원하는 것이 무엇인지 스스로 묻고, 선택하며 자신의 미래, 자신의 이야기를 스스로 써 나가기를 바라고 있다.

나에게 직업이란?

직업이란 생계의 유지, 사회적 역할의 분담, 개성의 발휘와 자기실현을 목적으로 계속적으로 행하는 노동 또는 일을 의미한다. 이러한 직업을 가진다는 것은 단순히 돈을 벌기 위한 수단을 넘어 중요한 의미를 갖는다. 직업의 의미를 살펴보면 직업은 크게 경제적 의미, 사회적 의미, 심리적 의미로 나눌 수 있다. 첫째, 경제적 의미의 직업은 생계를 유지하고 경제생활이 가능하도록 해 주는 수단이 된다. 사람들은 자신이 일한 만큼 보상을 받고 있다고 느낄 때 만족하게 되고 그렇지 않을 경우 불만을 가지게 된다. 둘째, 사회적 의미의 직업은 개인은 직업을 통해 자신이 속한 사회의 구성원으로서의 역할을 하게 되고 이를 통해 자신이 감당해야 할 역할을 배우게 된다. 마지막으로 심리적 의미의 직업은 개인의 자기실현에 도움을 주어야 한다. 아무리 일을 해도 흥이 나지 않고, 만족감을 느낄 수 없으며 일을 통해 삶의 의미를 찾기가 어렵다면 그 일은 직업으로 부적합하다고 할 수 있다.

우리는 살아가면서 다양한 경제활동과 사회적 역할을 수행하고 자기를 실현해 나간다. 이러한 다양한 일 중에 어떤 일이 직업이 되기 위해서는 경제적인 수입, 계속성, 노동행위 수반의 조건을 갖추어야 한다. 그래서 중요한 일임에도 수입 창출이 없는 주부의 가사노동이나 육체적·정신적인 노동이 따르지 않는 이자 소득이나 일시적인 소득을 내는 일은 직업이라고 하지 않는다. 정신적·육체적 활동을 통해 지속적으로 수입을 창출하는 일을 직업이라고 한다.

우리가 직업을 선택하는 데 영향을 미치는 요인을 살펴보면, 음악가, 예술가, 운동선수처럼 타고난 유전적 능력, 재능이 작용한 가능성이 있다. 또 다른 요인으로는 사회정책, 직업에 제공되는 보상, 물리적 여건, 자연환경, 사회조직의 변화, 기술의 발전, 가족 자원, 교육체제 등이 있는데, 이는 개인이 통제 가능하기도 하고 가능하지도 않을 수 있다. 계획된 것일 수도 있고, 계획되지 않은 것일 수도 있는 환경 조건과 사건으로 개인의 직업이 결정될 수 있다. 마지막으로, 어떤 학습 경험의 결과에 따라 개인이 경향성을 갖게 되는 것으로, 어떤 경험을 하였는가에 따라 직업에 호감을 가질 수도 있다.

직업은 우리 인생의 종점을 정하는 것보다 인생의 시작점을 정하는 첫 단계라고 생각해야 한다. 즉, 앞으로 변화를 위한 첫걸음에 해당한다. 직업을 선택한다는 것은 인생에 중요한 선택이기도 하고 우선순위를 정하는 과정이기도 하고 포기해야 할 것을 결정하는 것이기도 하다. 우리는 직업을 선택함에 있어 각자 가지고 있는 가치와 상황 등을 고려하여 직업을 정하게 될 것이다. 100세 시대를 살아가면서 우리는 적어도 3개 이상의 직업을 가지게 될 것이다. 우리가 생애 3번의 직업을 가진다고 가정하면 첫 직업은 자신의 삶을 독립적으로 전환하기 위한 수단이 되는 경우가 많다. 첫 직업을 통해 독립적인 삶을 살아간다는 것은 이제까지 의존해 왔던 부모로부터 경제적·사회적·심리적으로 홀로서기를 하는 것이다. 그래서 첫 번째 직업 선택은 독립, 자생의 의미가 매우 크다고 할 수 있다. 우리 사회에서 직업은 곧 그 사람의 사회적 지위와 소득을 의미하므로 첫 직업에 따라 자신의 삶의 방향과 패턴이 결정되는 경우가 많다. 두 번째 직업을 통해 우리는 첫 직업을 통해 얻은 경험과 사회적·경제적 기반으로 자신의 능력 재능을 확장해 나갈 수도 있고, 홀로서기를 위해 우선순위에서 잠시 미루어졌던 자신의 재능과 능력을 발휘하는 새로운 선택을 하게 되기도 한다. 보통 이 시기는 중년기와 맞닿아 새로운 정체감의 위기를 경험하면서 자신이 하고 싶었지만 상황과 여러 가지 여건으로 미루어 왔던 일을 시작하게 되기도 한다. 이러한 과정에서 일을 통해 삶의 의미와 만족을 경험하면서 자아실현을 경험하게 된다. 물론 첫 직업을 통해서도 자아실현은 경험할 수 있다. 인생에서 세 번째 선택하는 직업은 대체로 노년기에 접어들면서 경제적인 상황보다는 자신과 사회에 기여하는 안정적이고 심리정서적인 측면이 많이 고려되는 직업을 선택할 가능성이 높다. 자신이 살아온 삶을 돌아보고 앞으로 살아갈 삶에서 자신이 가지고 있는 중요한 가치를 실현할 수 있는 직업을 선택하는 것 역시 매우 의미 있는 일일 것이다.

우리가 일생 동안 선택하게 될 직업, 시기 그리고 이러한 직업을 가지기 위해서 우리가 준비해야 할 학습에 대해 계획을 세울 필요가 있다. 그리고 우리가 각 시기에 그 직업을 선택하거나 포기하는 것에는 그만한 이유가 있을 것이다.

나의 평생학습과 직업

구분	직업	시기	준비해야 할 평생학습
제1의 직업			
	선택의 이유		
제2의 직업			
	선택의 이유		
제3의 직업			
	선택의 이유		

3ON action plan

구분	내용
ON Self-Reflection 자아성찰	※ [과거] 이 활동을 하기 전까지의 나는?
ON Realistic Goal 현실목표	※ [현재] 지금의 나는?
ON New Movement 대안실행	※ [미래] 나의 미래를 위해 지금부터 새롭게 실천해야 하는 것은?
지금 나의 점수는?	① ② ③ ④ ⑤ ⑥ ⑦ ⑧ ⑨ ⑩ 점

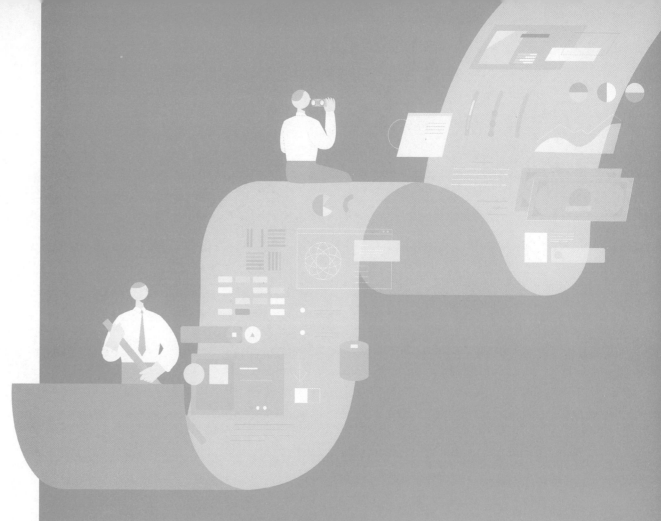

삶을 재미있게 만드는 것은 꿈과 이상을
이룰 가능성이 있기 때문이다.

— 파울루 코엘류 —

Design Your Life

◈ 각 시기마다 이루고 싶은 게 무엇인가? 앞에 형용사를 붙여 작성해 보자.

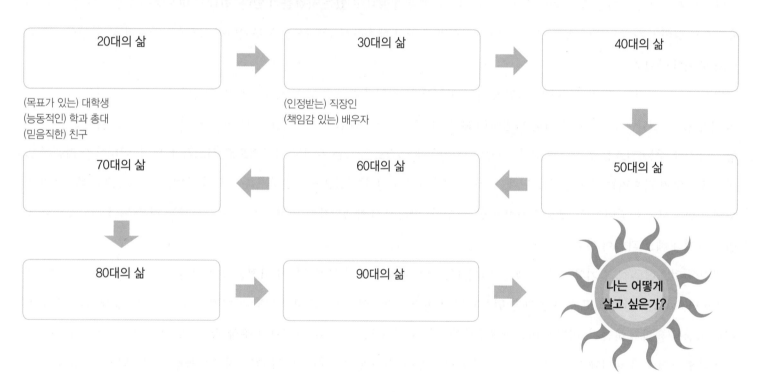

| 20대의 삶 | 30대의 삶 | 40대의 삶 |

(목표가 있는) 대학생
(능동적인) 학과 총대
(믿음직한) 친구

(인정받는) 직장인
(책임감 있는) 배우자

70대의 삶 ← 60대의 삶 ← 50대의 삶

80대의 삶 → 90대의 삶 → 나는 어떻게 살고 싶은가?

1. 나의 비전

Design Your Life

마지못해 삶을 살아가는 것처럼 나른하고 무미건조한 하루를 보내고 있는 사람들이 있다. 반대로 하루하루를 빛나고 즐겁게, 의욕적으로 살아가는 사람들이 있다. 그들의 마음을 설레게 하고 행동하게 만드는 것은 무엇일까? 그것은 각자의 꿈과 삶의 비전이 있기 때문이 아닐까?

비전(Vision)이란 삶의 청사진이며, 미래에 나는 어떻게 살 것인가에 대한 답이다. 즉, '평생을 살아가며 이루고 싶은 가치의 핵심'이라 할 수 있다. 비전 수립은 자신이 원하는 삶을 이루기 위한 출발점이다. 비전을 세움으로써 자기가 앞으로 나아갈 삶의 방향을 제시해 주는 지표를 설정하게 된다. 비전이 명확할 때 스스로 동기를 가지고 적극적으로 시도하게 되며, 어떠한 어려움이 있어도 포기하지 않으려는 준비를 하게 된다. 비전은 우리 각자가 원하는 성공을 성취하도록 만들어 주며, 궁극적으로는 행복해지기 위해서 반드시 선행되어야 할 필수 요건이라 할 수 있다. 따라서 대학생활에서 인생의 비전을 설정하는 것은 무엇보다 중요한 첫 번째 과제라 해도 과언이 아닐 것이다.

비전이 없으면 삶에 활기와 의욕이 생기지 않는다. 흐르지 않는 물이 부패하듯이 비전을 향해서 움직이지 않는 삶은 부패하기 마련이다. 삶의 주인이 되고 싶다면 가슴 뛰는 나만의 비전을 세워야 한다. 그러나 나만의 비전을 수립하기란 말처럼 쉽지 않다. 어떤 비전을 세워야 하는지, 어떻게 비전을 수립해야 하는지 잘 모르고, 비전이라기보다 추상적인 소망에 불과한 경우도 많다.

어떻게 하면 삶을 빛나게 할 나만의 비전을 세울 수 있을까? 그 해답은 우리가 앞서 했던 여러 활동을 살펴보면 알 수 있다. 비전은 나 자신에 대한 이해와 함께 성공, 행복, 건강, 관계 등에 이르기까지 우리 삶의 모든 부분과 밀접한 관계를 맺고 있다. 따라서 나의 강점, 나의 역할, 나의 가치관, 나의 태도, 나의 시간, 나의 경제, 나의 스트레스, 나의 인간관계, 나의 사랑과 결혼, 나의 평생학습과 직업 등 삶에서 중요한 여러 영역을 되짚어 보면, '나는 누구이고, 나는 현재 어떠한 삶을 살고 있으며, 내가 진정 원하는 앞으로의 삶은 무엇인지'에 대한 해답인, 삶의 비전을 찾을 수 있을 것이다.

비전 설정 시, 다음의 내용을 참고하도록 한다(경성대학교 창의인재대학, 2015).

첫째, 비전은 미래에 대한 것이고 원대한 것으로써 보이지 않지만 구체적이고 확신을 가질 수 있는 것이어야 한다. 자신의 삶의 방향이자 자신의 삶 전체를 조명해 줄 수 있도록 원대해야 한다.

둘째, 비전은 바람직한 것이고 함께하는 것으로써 반사회적이거나 다른 사람에게 해를 끼치는 것이 되어서는 안 되며, 다른 사람들과 함께 나누고 사회에 기여할 수 있는 것이어야 한다.

셋째, 비전은 변화와 발전을 수반하는 것으로써 자신을 끊임없이 개발하고 발전시키려는 노력에 의하여 변화에 적응하고 새롭게 변화하려는 자세를 가지는 것이다.

넷째, 비전은 장기적인 것으로써 목표를 수립하고 다시 그 목표를 달성하기 위한 세부 계획을 세워 장기적인 안목으로 차근차근 실천해 가는 노력이 요구되는 것이다.

다섯째, 비전은 가슴을 뛰게 하는 것으로써 장래에 자신이 이루고자 하는 모습을 생각하는 것만으로 기쁘고 가슴 설레는 것이어야 한다.

좋은 비전은 단순하고 선언적이며 많은 사람이 공감할 수 있는 내용을 축약적으로 제시한 것이다. 앞선 여러 활동을 통해 느낀 점을 바탕으로, 나만의 가슴 뛰는 비전을 작성해 보자. 가슴 뛰는 비전은 이를 찾으려고 노력하고 자신의 미래에 대해 끊임없이 생각하고 갈구하는 사람이 찾을 수 있다.

가슴 뛰는 나만의 비전

브랜드 비전 예시

- 구글 : 전 세계 정보를 체계화하고 누구나 접근하여 사용하는 것
- 아마존 : 사람들이 온라인에서 사고 싶은 상품을 찾을 수 있는 장소를 구축하는 것
- 포드 : 세상이 움직이는 방식을 바꾸는 것

나의 비전 예시

- 사람들의 삶에 의미 있고 특별한 콘텐츠를 만들어 감동을 주는 존재가 되자.

- 풍요로운 부를 가지고 나눌 수 있는 여유를 가진 사람이 되자.

- 전문성을 바탕으로 타인이 성장하는 데 도움을 줄 수 있는 사람이 되자.

- 가치를 담은 언어와 행동으로 선한 영향력을 줄 수 있는 사람이 되자.

처음 비전을 작성한 경우라면, 비전 자체가 뭔가 어색하고 모호하며, 부족하다는 느낌이 든다. 중요한 점은 지금 작성한 비전이 마지막이고 완성형이 아니라는 것이다. 삶을 살아가면서 '내가 가진 비전은 나에게 어떤 의미인가? 현재 내 삶의 방향과 일치하는 가? 개선해야 할 부분은 없는가? 더 높이 추구해야 할 내 삶의 가치는 무엇인가?' 등 끊임없이 자신의 비전을 검토하고 개선해야 한다. 지속적으로 자신을 돌아보는 작업을 통해 비전은 변화하고 완성도는 높아질 것이며, 자신의 삶 또한 비전과 일치하는 삶을 살 수 있을 것이다.

2. 비전 달성 전략

나만의 비전을 수립했다면 다음으로는 목표를 설정해야 한다. 그러나 많은 사람이 비전과 목표를 혼동한다. 비전과 목표, 둘의 차이는 무엇일까? 목표는 비전을 달성하기 위해 중간중간 거쳐야 할 관문들로써, 목표는 비전을 실현하는 디딤돌과 같다. 또한 목표는 달성하고 나면 끝이지만, 비전은 한순간에 달성되는 것이 아니라 여러 단계의 목표를 이루면서 도달하게 된다. 즉, 비전은 미래의 행동을 위한 뚜렷한 방향을 제시해 주는 지표이며, 우리는 이러한 비전을 달성하기 위하여 지속적으로 새로운 목표를 설정하게 된다. '전공 분야에서 나만의 브랜드를 만들고, 가족, 친구와 행복한 삶 함께하기'가 자신의 비전이라면, '대학원 진학, 살사 동아리 가입, 안정된 직장 생활, 꿈이 같은 사람들과 협동조합 만들기, 가치관이 맞는 사람과 결혼' 등은 비전을 위한 목표가 된다.

그렇다면 비전이 더 중요하고 목표는 별로 중요하지 않은 것일까? 절대 그렇지 않다. 비전을 달성하기 위한 목표 설정은 무엇보다 중요하다. 자신만의 찬란한 비전이 있음에도 중심이 흔들리는 것은, 구체적인 목표가 없기 때문이다. 비전만 있고 목표가 없는 것은 이상만 있고 알맹이가 없는 것과 마찬가지이다. 목표를 정하는 것은 비전 달성을 위하여 필수일 뿐만 아니라, 목표 수립 자체가 동기유발 기제로 작용하여 궁극적으로 스스로를 삶의 주인이 되게 한다. 목표를 향해 나아가는 과정으로 인해 우리의 삶은 긍정적인 변화를 경험하게 되며, 자신에 대한 신뢰와 자신감을 얻게 된다. 이러한 긍정적인 경험들로 우리는 자신이 원하는 사람이 되어 가며, 삶에서 주인이 될 수 있는 것이다.

남들과 달리 각자가 특별한 존재로서의 삶의 주인으로 살아가기 위해서는 '나의 강점, 역할, 가치관, 태도, 시간, 경제, 스트레스, 인간관계, 사랑과 결혼, 평생학습과 직업' 등 10개 영역에서 어느 한 부분도 소홀히 해서는 안 된다. 따라서 삶의 비전을 달성하기 위해서는 삶에서 중요한 열 가지 영역을 중심으로 목표를 설정하는 것이 필요하다. 다음 [My Life Balance] 활동지를 통해 열 가지 영역을 종합하여 점검하고, 비전을 위한 목표를 설정해 보도록 하자.

My Life Balance

◆ 제2장에서부터 제11장까지 살펴본 '나의 강점, 나의 역할, 나의 가치관, 나의 태도, 나의 시간, 나의 경제, 나의 스트레스, 나의 인간관계, 나의 사랑과 결혼, 나의 평생학습과 직업' 영역에서 전체를 종합하여 자신의 현재 상태를 진단해 보자.

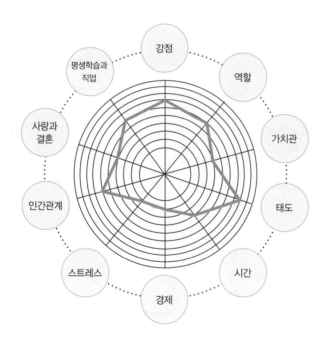

• 각 장의 '3ON action plan' 활동지에 작성한 점수를, 다음 [My Life Balance]에 1∼10점까지 점수를 표시해 보자.

• 원 모양 안쪽에서부터 1점, 바깥쪽으로 10점이다. 예를 들어, 나의 강점에 대해 알고 있으면 10점, 반대로 모른다면 1점으로 표시한다.

• 표시한 내용을 토대로 그래프를 그려 보고 현재 각각의 영역이 균형을 이루고 있는지, 그리고 어떤 분야가 부족한지를 파악해 보자.

My Life Balance

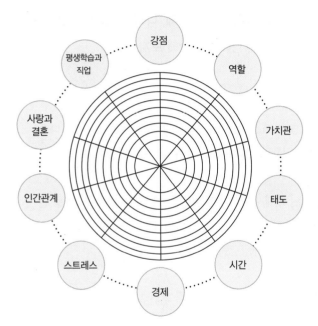

구분	영역
1~3점 (긴장하세요. 집중 관리 필요)	
4~7점 (양호하지만, 삶의 비전을 위해 노력 필요)	
8~10점 (훌륭합니다. 앞으로도 지금과 같은 상태 유지 필요)	

목표 달성을 위한 5단계

앞서 작성한 [My Life Balance] 활동지를 통해 변화가 필요한 영역을 살펴보았다. 한쪽으로 치우치지 않은 원 모양을 이룰 때, 삶은 균형을 이루며 자신만의 비전 달성에 한 걸음 더 다가갈 수 있다. 따라서 점수가 낮은 영역은 앞으로의 비전 달성에 걸림돌이 될 수 있음을 명심하고, 부족한 영역에 관해 우선적으로 목표를 수립하고 변화를 위한 노력을 게을리하지 않아야 한다.

주의할 점은 한 가지 영역에만 집착하지 말아야 한다는 것이다. 한 가지 목표만을 향해 전력질주 하다가 이를 달성한 뒤에 공허함이나 무기력감 등을 느낄 수 있으며 이전의 목표를 통해 얻었던 추진력을 잃고 침체 상태에 빠질 수도 있다. 따라서 '나의 강점, 역할, 가치관, 태도, 시간, 경제, 스트레스, 인간관계, 사랑과 결혼, 평생학습과 직업' 등 10개 영역별로 자신만의 목표를 세우고 골고루 발전시켜 나가는 것이 중요하다.

각 영역별로 우선순위를 정하고, 현시점·단기·중기·장기 목표 등 여러 개의 목표를 동시에 설정할 필요가 있다. 여러 목표를 정하되 한번에 모든 것을 성취할 수 없다는 사실을 받아들이고 가장 중요한 목표에 초점을 맞추고, 다른 목표들과 조율해 나가는 것이 중요하다.

다음은 목표를 달성하기 위한 5단계이다.

1단계 : 세부 목표 설정하기

[My Life Balance] 활동지에서 부족한 분야의 영역을 참고하여, 현시점 목표, 단기 목표, 중기 목표, 장기 목표를 나눠서 미래 비전을 이루기 위한 목표를 설정해 보자. 목표 설정은 비전보다 명확하고 구체적이며 달성 정도를 쉽게 측정할 수 있어야 한다. 현시점

목표나 단기 목표를 세울 때는 달성하기 쉬운 목표를 세우고, 중기 목표나 장기 목표를 세울 때는 달성하기 조금 어렵더라도 도전적으로 설정해 보자. 현시점, 단기 목표들에서의 성취경험이 장기적인 목표를 수행할 때 포기하지 않는 힘의 원천이 될 것이다.

[목표 설정 및 계획 수립] 활동지 3에 직접 작성해 보자.

2단계 : 마이너스 요인과 플러스 요인 분석하기

자신이 세운 목표를 이루기 위하여 마이너스 요인과 플러스 요인이 무엇인지 파악해 보자. 과거의 경험을 토대로 목표를 달성하지 못했던 적이 있다면 달성하지 못한 이유가 무엇인지, 그리고 목표를 달성한 경우 그때 나에게 도움되었던 지지 자원(정신적·물질적 요인 모두 포함)은 무엇이 있었는지 분석해 보자. 이러한 마이너스 요인과 플러스 요인이 앞으로의 목표 달성 여부에 영향을 미칠 수 있으므로 세밀한 분석이 필요하다. 마이너스 요인을 잘 관리하여 목표가 실패하지 않도록 미연에 방지하고, 플러스 요인을 적극 활용하여 목표 달성에 도움이 되도록 해야 한다.

[목표 설정 및 계획 수립] 활동지 3에 직접 작성해 보자.

3단계 : 계획 수립하기

마이너스 요인을 극복하고, 플러스 요인을 활용하여 목표를 이루기 위한 실천 계획을 고민해 보자. 계획을 세울 때에는 예측하기 힘든 어려움이나 장애 요인에 부딪힐 거라는 점을 잊어서는 안 된다. 따라서 계획은 냉엄한 현실을 바탕으로 구체적인 실천 방안을 마련하는 것이 중요하다. 목표를 달성하기 위하여 무엇을, 언제까지, 어떻게 할 것인지에 대한 현실적이면서 구체적인 계획을 수립하고, 가능하다면 목표에 도달하기 위한 세부 일정을 정하는 것이 필요하다. 특히, 목표 시작일과 목표 예상 달성일을 정확히 표기하여 중간 점검과 마지막 점검의 기준을 마련하도록 하자. 실천 계획을 수립한 후에 지속적인 점검이 뒤따를 때, 아무리 어려운 목표라도 이룰 수 있다.

[목표 설정 및 계획 수립] 활동지 3에 직접 작성해 보자.

4단계 : 평가 및 수정하기

목표를 설정하고 계획에 따라 실천해 나가면서 지속적인 점검과 평가를 통해 성취의 기쁨을 누리거나 추가하여 노력할 부분을 확인해야 한다. 매일 혹은 일주일 등 일정한 기간에 따라 자신이 목표한 것을 잘 수행하고 있는지 점검하고, 마지막 예상 달성일에 맞춰 목표를 달성하였는지를 평가한 후 목표에 대해 다시 생각해 보거나 상황에 따라 수정이 필요하다면 수정하는 것이 좋다. 목표는 변화하는 환경과 사회상을 반영하는 것으로써 평가와 피드백에 따라 주어진 환경이나 자기 노력의 결과에 따라 수정할 수 있다. 유연함과 융통성을 발휘하여 정기적으로 검토하며 보완해 나간다면 더욱 올바른 목표를 수립하고 성취해 나갈 수 있을 것이다.

[목표 평가 및 수정] 활동지 4에 직접 작성해 보자.

5단계 : 목표 시각화하기

목표 시각화하기는 모든 목표마다 할 필요는 없다. 4단계 평가 및 수정하기 단계에서 간절히 바라는데 이루기 어려울 것 같은 목표일 경우 시도해 보기를 추천한다. 목표 시각화는 꿈을 실현 가능한 것으로 만들 수 있는 방법 중 하나로써, 자신의 잠재 능력을 발휘하게 하는 데 매우 유용하고 효과적이다. 목표를 추상적으로 간직하지 않고 구체화하면 끊임없이 행동을 자극해 마침내 목표를 이룰 수 있게 된다. 시각화하기 작업은 먼저, 원하는 목표를 이루었을 때 받을 보상과 결과를 구체적으로 상상하는 데서 시작한다. 이때 최대한 몰입하여 긍정적인 감정을 느낄 수 있도록 한다. 다음으로 직접 그림을 그리거나 콜라주 작업을 통해 시각화하는 작업을 하면 된다. 작업 완료 후에 그 이미지들과 함께하는 것이 중요하다. 자신이 그린 그림이나 콜라주 작품을 방에 붙여 놓거나 휴대전화 카메라를 이용하여 사진을 찍어 늘 가지고 다녀도 좋다.

[목표 시각화] 활동지 5에 직접 작업해 보자.

목표 설정 및 계획 수립

◆ 다음 예시를 참고하여 자신의 비전을 이루기 위한 목표를 설정하고 계획을 수립해 보자.

기간	영역	목표 설정	마이너스·플러스 요인 분석	계획 수립	
현시점 목표 (1일~일주일)	시간	스마트폰 사용 하루 30분으로 줄이기	마이너스: 하루 2시간 이상 습관적 사용, 스마트폰 게임이 문제	• 스마트폰 사용을 하루에 30분으로 제한하기 • 공부할 때 스마트폰은 다른 방에 두기	시작일 2025. 1. 1.
			플러스: 스마트폰 사용 시 잔소리해 줄 가족, 친구 있음		예상 달성일 2025. 1. 7.
단기 목표 (1~12개월)	인간관계	새로운 사람 5명 만나기	마이너스: 사람 많은 곳을 싫어함, 혼자가 편함, 내향형	• 이번 방학 때는 동아리와 아르바이트 등을 경험하면서 새로운 사람 5명 이상 만나기	시작일 2025. 7. 1.
			플러스: 새로운 누군가를 만나고자 하는 의지 있음		예상 달성일 2025. 9. 31.
중기 목표 (2~5년)	나의 역할 (직장인)	졸업 후 2년 안에 ○○디자인 회사 입사하기	마이너스: 1, 2학년 성적이 좋지 않음	• 3, 4학년 성적 관리에 신경 쓰기(학점 4.0 이상) • 디자인 공모전 2회 이상 도전하기 • ○○ 디자인 회사 6개월 인턴 경험하기	시작일 2025. 1. 1.
			플러스: 이론 부분은 약하지만, 실기는 자신 있음		예상 달성일 2025. 12. 31.
장기 목표 (10~20년)	경제	10년 동안 1억 모으기	마이너스: 월급이 한정됨. 통장 관리를 하지 않음	• 적금 통장 만들기 • 한 달 84만 원 10년 적금 넣기	시작일 2025. 1. 1.
			플러스: 어릴 때부터 아껴 쓰는 습관, 절약정신이 있음		예상 달성일 2030. 12. 31.

기간	영역	목표 설정	마이너스 · 플러스 요인 분석		계획 수립	
현시점 목표 (1일~일주일)			마이너스			시작일
			플러스			예상 달성일
단기 목표 (1~12개월)			마이너스			시작일
			플러스			예상 달성일
중기 목표 (2~5년)			마이너스			시작일
			플러스			예상 달성일
장기 목표 (10~20년)			마이너스			시작일
			플러스			예상 달성일

목표 평가 및 수정

영역	목표	달성 여부	달성하지 못한 이유	수정된 목표 및 계획
나의 시간	• 일주일에 책 한 권씩 읽기 • 한 달 총 4권 읽기	• 목표 달성 못함 • 한 달 1권 읽음 시작일 2025. 1. 1. 예상 달성일 2025. 1. 7.	• 학기 중 일주일에 책 한 권은 무리한 목표였음 • 읽기 어려운 책을 선택함 • 시간 활용을 잘 하지 못한 것 같음	• 한 달에 책 한 권 읽기 (읽기 쉬운 책 고르기, 짬짬이 시간 내서 책 읽기)
		시작일 예상 달성일		
		시작일 예상 달성일		
		시작일 예상 달성일		

목표 시각화

1. [목표 설정 및 계획 수립] 활동지 3에 작성한 내용 중 달성하기 가장 어려울 것 같은 목표 하나를 선택해서 그 목표를 이룬 상황을 상상해 보자(어떤 생각이 들고 어떤 기분이 드는지 알 수 있을 정도로 충분히 그 상황에 빠져 보자).

2. 자신이 원하는 분야에서 어떤 위치에 있는지 구체적으로 상상해 보자. 5년 후 자신이 원하는 곳에서 일하고 싶다면 원하는 기업의 이미지와 어떤 일을 하는지, 또는 경제적으로 안정되고 싶다면 경제적으로 여유 있는 자신의 모습을 머릿속에 자세히 그려 보자.

3. 자신이 상상한 모습을 그림으로 그려 볼 수도 있고, 잡지나 인터넷 자료 등을 모아서 콜라주 작업을 해도 좋다. 작업을 하는 동안 행복함을 느껴 보자.

4. 그림이나 콜라주 작업을 통해 시각화한 후, 자신이 만든 이미지에 어울리는 제목을 3P 공식을 활용하여 붙여 보자. positive(긍정문), present(현재 시제), personal(1인칭)로 제목을 적고 서술해 보자(예: 나는 지금 안정적인 직장을 다니고 있다, 나는 이제 돈에 대해 자유롭다 등).

5. 작업을 마친 후, 휴대전화 카메라를 이용하여 사진을 찍어 늘 가지고 다니자.

3. 내 인생의 새로운 도전

목표 달성을 위한 다짐

목표를 간절히 원하자

피그말리온 효과(pygmalion effect), 또는 비슷한 말로 자기충족적 예언이라는 말이 있다. 무엇인가를 간절히 원하고 바라면 이를 이룰 수 있다는 것을 의미한다. 심리학에서 타인이 나를 존중하고, 나에게 기대하면 그 기대에 부응하기 위해 노력하면서 능률이 오르거나 결과가 좋아지는 현상을 말한다. 피그말리온 효과를 기억하자. 자신이 이루고자 하는 것이 현실로 이루어질 것을 확고히 믿으며, 날마다 자신이 성취한 목표를 생생하게 그려 나가자.

주위에 도움을 요청하자

목표에 도달하는 것은 자신과의 싸움이다. 그러나 목표를 이루기 위해 주변 사람들의 도움은 반드시 필요하다. 우리가 목표를 이루기 위해 가장 많이 해야 할 말은 '도와주세요'이다. 도움을 요청하는 한마디는 목표를 이루기 위한 첫걸음이다. 주위의 도움과 지지로 인해 스스로 성장할 수 있으며, 자신이 세운 목표에 다다르게 된다. 지금은 도움을 요청하는 사람이지만 훗날 목표를 이룬 후, "도와주세요"에서 "무엇을 도와 드릴까요?" 라며 누군가에게 도움을 줄 수 있는 사람이 될 수 있음을 기억하자.

포기하지 말자

힘들이지 않고 실현되는 목표는 없다. 목표를 이루기 위해 있는 힘을 다해야 한다. 그러나 죽을힘을 다해 열심히 노력하였으나 목표가 이루어지지 않고 실패하는 경우도 많다. 이때 '나는 실패했다'는 생각을 되풀이하다 보면, 어느 순간 '나는 실패자'가 되어 버린다. 실패를 발판 삼아 또 하나의 새로운 도전을 할 수 있음을 잊지 말아야 한다.

'목표를 세운다 → 실천한다 → 포기하지 않는다' 이러한 과정을 반복할 때만 비로소 진정한 목표 달성의 성취감을 누릴 것이다. 목표를 향한 도전에 실패란 끝이 아니다. 단념, 체념, 포기하는 것이 끝이다. 실패의 정상이 성공임을 기억하자.

과정 자체를 즐기자

자신이 원하는 목표를 모두 다 이루고 난 후, 자신의 삶을 인정하고 즐길 수 있다고 생각하는 사람이 많다. 맹목적으로 목표만을 위해 성공에만 매달려서 인생의 즐거움과 행복을 미루고 살아가지 말자. 목표를 이루는 과정에서 순간순간마다 얻을 수 있는 모든 즐거움과 행복감을 충분히 만끽하는 자세가 필요하다. 도전의 달성 여부에 따라 성패를 판단하기보다 도전을 이루는 과정을 즐기도록 노력하자.

오늘, 지금 당장 행동하기

이 책에서 제시한 내용을 이해하고, 실제 작성해 보는 것만으로 충분하지 않다. 진정으로 자기계발과 인생설계를 하고 싶다면 실천하는 자세가 필요하다. 행동이 자기계발과 인생설계의 첫걸음이다. 행동이 인생을 결정한다. 자신의 인생을 멋지게 사는 비결은 지식이 아니라 행동에 있다. 우리는 몸을 변화시키기 위해 꾸준히 몸을 움직이고 단련한다. 자신의 인생도 마찬가지이다. 자신의 인생을 변화시키기 위해서는 지속적인 노력과 끈기가 필요하다. 생각보다 훨씬 더 힘들 수도 있다. 그러나 자신의 인생을 위해서는 그럴 만한 충분한 가치가 있다.

실존철학자 사르트르(Jean Paul Sartre)는 "인간은 행동에 의해서 자기 자신을 만들어 간다."고 했다. 지금부터 시작해야 한다. 지금, 오늘 우리는 미래를 위한 삶을 계획하고 시작해야 삶을 개선하고 다음 단계로 발전해 나갈 수 있다.

지금 당장 행동한다면, 어제보다 오늘, 그리고 오늘보다는 내일, 나아가서 내일보다는 미래에 나는 더 성장해 있을 것이다. 머뭇거리지 말고 행동하고 실천해야 한다.

내 인생의 새로운 도전, 지금 당장 시작해 보자.

내 인생의 새로운 도전, 지금 바로 시작하기

◈ 평소에 하고 싶었으나 해 보지 못한, 한 번쯤 해 보고 싶었던 일이 있는지 생각해 보자. 대수롭지 않은 일이라도 지금 당장 시작할 수 있는 목표를 세워 보자(단, 목표를 빨리 달성하기 위해서 조급함을 가지기보다 도전하는 과정을 최대한 즐기도록 노력하자).

DIY 가구 만들기, 나만의 향수 만들기, 봉사 활동하기, 애견 보호소 방문해서 청소하기, 학교 주변 청소하기, 다이어트, 헌혈하기, 내가 살고 있는 동네 돌아다니기, 사랑하는 사람에게 도시락 싸 주기 등

기간	영역	목표 설정	마이너스 · 플러스 요인 분석		계획 수립	
현시점 목표 (1일~일주일)			마이너스			시작일
			플러스			예상 달성일

※ 결과물은 PPT 또는 한글 파일 보고서 작성, 인증샷 또는 동영상 촬영.

15년 뒤 나의 삶

◆ 지금부터 15년 뒤에 나는 다음과 같은 삶을 살고 있을 것이다.

• 나는 (　　　　　)에서 (　　　　) 집에서 (　　　　　)와 함께 살고 있을 것입니다.

• 나는 배우자(또는 연인과) (　　　　　) 관계를 맺고 있을 것입니다.

  (자녀가 있다면) 우리 자녀와 (　　　　　) 관계를 맺고 있을 것입니다.

• 나는 (　　　　) 분야의 (　　　　) 조직에서 (　　　　) 역할을 맡고 있을 것이며,

  소득은 월평균 (　　　　) 만 원 정도 될 것입니다. (　　　　) 의 자산을 보유하고 있을 것입니다.

• 평범한 나의 주말 하루는 (　　　　) 에서 (　　　　) 와 함께 (　　　　) 을 하고 있을 것입니다.

  또한 특별한 날에는 (　　　　) 사람들을 만나 (　　　　) 을 하며 지내고 있을 것입니다.

• 나는 건강을 위해 (　　　　) 을 하고 있으며, (　　　　) 분야의 공부도 게을리하지 않고 있을 것입니다.

• 마지막으로, 15년 뒤에 나는 지금까지 이루지 못했지만 꼭 해 보고 싶었던 (　　　　　　　　)을 하고

  있을 것입니다.

참고문헌

강성태(2017). 어쩌다 어른: 공부를 습관으로 만드는 66일 [TV 프리미엄 특강쇼]. 서울: tvN.

경성대학교 창의인재대학(2015). **취업진로설계**. 부산: 경성대학교 출판부.

권석만(2008). **긍정심리학**. 서울: 학지사.

권선영(2005). 다중역할 수행 시 경험하는 스트레스에 대한 자기 복합성(Self-Complexity)의 완충효과. 이화여자대학교 대학원 석사학위논문.

김묘정(2008). 게슈탈트 집단치료가 실연을 경험한 대학생들의 자아가치관과 부정적 정서감소에 미치는 효과. 성신여자대학교 대학원 석사학위
논문.

김미옥(2018). 3 on 코칭모델. 제40-1356772호. 서울: 특허청.

김민자(2014). 교류분석의 인생태도와 상담기대감의 관계. 대진대학교 대학원 석사학위논문.

김승호(2020). 돈의 속성(최상위 부자가 말하는 돈에 대한 모든 것). 경기: 스노우폭스북스.

김희정(2016). 일 가치관과 여가태도가 은퇴준비행동에 미치는 영향. 이화여자대학교 대학원 석사학위논문.

댄 자드라(2015). **파이브**. 서울: 앵글북스.

데일 카네기(2017). 데일카네기의 자기관리론. 서울: 더클래식.

마틴 셀리그만(2020). 마틴 셀리그만의 긍정심리학(개정판). 경기: 물푸레.

박경철(2011). 시골의사의 부자경제학. 서울: 리더스북.

박준호, 서영석(2010). 대학생을 대상으로 한 한국판 지각된 스트레스 척도 타당화 연구. 한국심리학회지: 일반, 29(3), 611-629.

변윤화, 배윤정(2016). 빨간책. 서울: JOBKOREA.

신명희, 강소연, 김은경, 김정민, 노원경, 서은희, 송수지, 원영실, 임호용(2014). 교육심리학(3판). 서울: 학지사.

우문식(2014). 행복 4.0. 서울: 물푸레.

우문식(2012). 긍정심리학의 행복. 서울: 물푸레.

유영달 외 10인(2013). 인간관계의 심리. 서울: 학지사.

이영실, 임정문, 유영달(2011). 정신건강론. 서울: 창지사.

이위환, 김용주(2009). 인간관계론. 경기: 공동체.

이의용(2017). 스무 살 나의 비전. 서울: 학지사.

이해선, 김은미(2014). 인성과 자기계발. 서울: 정민사.

이종범(2016). 뇌섹시대-문제적 남자 87회. 서울: tvn.

장동선(2017). 알아두면 쓸데없는 신비한 잡학사전 21회. 서울: tvn.

전겸구, 김교헌, 이준석(2000). 개정판 대학생용 스트레스 척도 개발 연구. 한국심리학회지: 건강, 5(2), 316-335.

정균승(2013). 천직, 내 가슴이 시키는 일. 경기: 김영사.

정원식(2013). 인간의 가치관. 경기: 교육과학사.

정재승(2017). 차이나는 클라스-질문 있습니다 21회. 서울: jtbc.

정진선, 문미란(2016). 인간관계의 심리: 이론과 실제. 서울: 시그마프레스.

차갑부(2014). **평생교육론**. 경기: 교육과학사.

최진호, 김중백(2012). 스무 살의 인생설계. 서울: 나남.

통계청(2016). 기대수명 OECD.

한나(2007). **시간활용법**. 서울: 비즈로드.

한상복(2003). **한국의 부자들**. 서울: ㈜위즈덤하우스.

뉴스웍스(2015. 12. 27.). 맥주 소비 늘고 소주 줄어… 1인당 맥주 소비량 149병 http://www.newsworks.co.kr/news/articleView.html?idxno=
21175.에서 2017, 12, 18 자료 얻음.

세계일보(2018. 05. 10.). 성인남녀 술값, 한 달 평균 11만 5000원… 월 평균 5. 6회 '음주'. https://news.naver.com/main/read.nhn?mode=LSD&
mid=sec&oid=022&aid=0003272299&sid1=001&lfrom=kakao.에서 2018, 8, 12 자료 얻음.

한국일보(2017. 3. 31.). 대학생 82.9%, 취업 스트레스에 우울증. http://www.hankookilbo.com/v/eed445cd8a434f21b02cddf518940d75.에서
2017, 8, 27 자료 얻음.

한화생명 공식 블로그 Life n Talk(2017. 9. 14.). 힘들 때 참지 말자, 직장인 스트레스 탈출! http://www.lifentalk.com/1576.에서 2017, 12, 18 자
료 얻음.

Daum 1boon(2017. 2. 15.). [스트레스 진단] 가장 행복한 곰을 선택하세요. https://1boon.daum.net/vonvon/stresstest5.에서 2017, 10, 11. 자료
얻음.

Amelang, M. (1991). Results of a nearly comprehensive study of Eysenck's extraversion theory. *Psychologische Beitrage, 33*(2), 23-46.

Erikson, E. H. (1959). *Identity and life cycle: Selected papers*. New York: International Universities Press.

Fromm, E. (1956). *The art of loving.* NY: Harper & Row.

Gray, J. (2007). 화성남자 금성여자의 관계 지키기(*Improving relationships by understanding how men and women cope differently with stress*). 김경숙 역. 서울: 동녘라이프. (원전은 1992에 출판).

Lasswell, M., & Lobsenz, N. M. (1980). *Styles of loving.* New York: Doubleday.

Lazarus, R. S., & Folkman, S. (1984). *Stress, appraisal and coping.* New York: Mcgraw-Hall.

Lee, J. A. (1975). *Colors of Love.* Toronto: New Press.

Lyubomirsky, S., & King, L. A., & Diener, E. (2005). The Benefits of Frequent Positive Affect:Does Happiness Lead to Success?. *Psychological Bulletin, 131*(6), 803-855.

Murray, H. A. (1938). *Explorations in personality: a clinical and experimental study of fifty men of college age.* Oxford, England: Oxford Univ. Press.

Pearson, T. (2017). 직업의 종말(*The end of jobs*). 방병호 역. 서울: 부키. (원전은 2015에 출판).

Schmidt, N., & Sermat, V. (1983). Measuring loneliness in different relationships. *Journal of Personality and Social Psychology, 44*(5), 1038-1047.

Thomas, J. S., & William, D. D. (2015). 이웃집 백만장자(*The Millionaire Next Door*). 홍정희 역. 경기: 리드리드출판.

Rokeach, M. (1973). *The Nature of Human Values.* New York: The Free Press.

저자 소개

김미옥(Kim Miok)
경성대학교 교육학 박사(상담심리 전공)
마음나무심리상담센터 센터장
The ON 심리코칭 협동조합 이사
전) 경성대학교 교육학과 교수

저서   대학생을 위한 진로코칭(2017, 학지사, 공저)
        온맘재혼가족 부모교육 코칭프로그램(2017, 학지사, 공저) 외 다수
자격증   상담심리사 1급, MBTI 전문강사, 진로상담전문가, 부모교육코칭전문가 외

김서영(Kim Seoyoung)
경성대학교 교육학 박사(상담심리 전공)
동명대학교 반려동물보건학과 겸임교수
좋은교육연구센터 대표
한국반려동물학회 이사
한국반려동물교육문화협회 이사

저서   묻고 쓰다[자기계발 동기부여의 새로운 라이팅북](2019, 한국캘리그라피디자인센터, 공저)
자격증   평생교육사, STRONG 진로상담 전문가, MBTI 전문강사, CPI 전문가, 교육상담전문가, 미술치료사 외

최정아(Choi Jeonga)
경성대학교 교육학 박사(상담심리 전공)
MIND & CAREER(마인드 앤 커리어) 대표

저서   교수를 위한 대학생 상담의 실제(2017, 학지사, 공저)
        부모교육 코칭전략과 실제(2016, 센게이지러닝, 공저) 외 다수
자격증   전문상담사 2급, 직업상담사 2급, MONEY FRAME COACH, 자기계발전문가 외

자기계발과 인생설계(2판)
Self-improvement & Life plan (2nd ed.)

2019년 1월 15일 1판 1쇄 발행
2023년 9월 20일 1판 6쇄 발행
2024년 10월 10일 2판 1쇄 발행

지은이 • 김미옥 · 김서영 · 최정아
펴낸이 • 김진환
펴낸곳 • ㈜ **학지사**

04031 서울특별시 마포구 양화로 15길 20 마인드월드빌딩
대표전화 • 02-330-5114   팩스 • 02-324-2345
등록번호 • 제313-2006-000265호

홈페이지 • http://www.hakjisa.co.kr
인스타그램 • https://www.instagram.com/hakjisabook

ISBN 978-89-997-3227-0 93370

정가 18,000원

출판미디어기업 **학지사**

간호보건의학출판 **학지사메디컬** www.hakjisamd.co.kr
심리검사연구소 **인싸이트** www.inpsyt.co.kr
학술논문서비스 **뉴논문** www.newnonmun.com
교육연수원 **카운피아** www.counpia.com
대학교재전자책플랫폼 **캠퍼스북** www.campusbook.co.kr